高等职业教育汽车类专业创新教材

汽车改装技术实务

（配任务工单及习题）

组　编　烟台瑞达汽车科技有限公司

主　编　于府平　纪建平　蔡汉奇

副主编　位　佳　冯英荐　付贺阳　焦守君

参　编　杨海宏　方　华　田文涛　范兴元

　　　　王利光　商　卫　廖小亮　朱勇兵

　　　　夏文杰　黄　涛　胡国华　于晓亮

主　审　王　鹏

机械工业出版社

本书内容包括九个项目，内容分别为汽车改装行业认知和基础改装、汽车前排座椅改装、商务车中后排座椅改装、汽车底板改装、汽车顶篷升级改装、汽车车身内饰升级改装、汽车门窗改装、汽车灯光升级改装、汽车其他电器升级改装（包括加装吸顶电视、360° 全景影像、行车记录仪）。

本书是由烟台汽车工程职业学院等诸多高职院校与瑞达汽车科技有限公司校企"双元"合作开发的教材，采用新型活页式工单并配套开发信息化资源。本书紧跟汽车改装市场发展，将目前企业中的先进改装技术融入教材之中，部分任务填补了国内同类教材的空白。

本书可作为高等职业院校汽车造型与改装技术专业、汽车检测与维修技术专业和中等职业院校汽车美容与装潢专业、汽车车身修复专业、汽车运用与维修专业的教材，也可供技师学院钣金喷涂专业、美容装潢专业的学生使用，还可供汽车钣金、涂装、美容装潢、汽车改装等行业从业人员作为岗位培训教材或了解专业技术、提高业务水平的参考用书。

图书在版编目（CIP）数据

汽车改装技术实务：配任务工单及习题 / 烟台瑞达
汽车科技有限公司组编；于府平，纪建平，蔡汉奇主编.
北京：机械工业出版社，2024.10. -- （高等职业教育
汽车类专业创新教材）. -- ISBN 978-7-111-76533-2

Ⅰ . U472

中国国家版本馆CIP数据核字第2024BV4512号

机械工业出版社（北京市百万庄大街22号　邮政编码100037）
策划编辑：齐福江　　　　　责任编辑：齐福江　丁　锋
责任校对：张亚楠　张　薇　　封面设计：张　静
责任印制：单爱军
北京虎彩文化传播有限公司印刷
2024年11月第1版第1次印刷
184mm×260mm・17.75印张・371千字
标准书号：ISBN 978-7-111-76533-2
定价：69.90元（含任务工单及习题）

电话服务　　　　　　　　　网络服务
客服电话：010-88361066　　机　工　官　网：www.cmpbook.com
　　　　　010-88379833　　机　工　官　博：weibo.com/cmp1952
　　　　　010-68326294　　金　书　网：www.golden-book.com
封底无防伪标均为盗版　　机工教育服务网：www.cmpedu.com

FOREWORD
前 言

　　本书内容包括九个项目。项目一是汽车改装行业认知和基础改装，包括汽车改装行业认知、汽车隔声、汽车线路改装三个任务；项目二是汽车前排座椅改装，包括前排座椅驱动方式改装、加装前排座椅通风系统、加装前排座椅加热系统、加装前排座椅车载桌板认知、汽车座椅真皮包覆认知五个任务；项目三是商务车中后排座椅改装，包括加装中排航空座椅和加装后排电动沙发床两个任务；项目四是汽车底板改装，包括加装实木和印花地板、加装迎宾踏板和休闲踏板、加装车载冰箱认知、加装360软包脚垫认知四个任务；项目五是汽车顶篷升级改装，包括汽车顶篷老化翻新、汽车星空顶篷制作两个任务；项目六是汽车车身内饰升级改装，包括汽车车门内饰与仪表板真皮包覆、立柱内饰翻毛皮包覆、方向盘的更换及包覆、内饰塑料件喷漆改色认知四个任务；项目七是汽车门窗改装，包括汽车中门升级改装、汽车尾门升级改装、加装商务窗帘三个任务；项目八是汽车灯光升级改装，包括加装内饰氛围灯、加装立柱罗马灯、加装吸顶灯三个任务；项目九是汽车其他电器升级改装，包括加装吸顶电视、加装360° 全景影像认知、加装行车记录仪认知三个任务。

　　本书是由烟台汽车工程职业学院等诸多职业院校与瑞达汽车科技有限公司校企"双元"合作开发的教材，采用新型活页式工单并配套开发信息化资源。本教材紧跟汽车改装市场发展，将目前企业中的先进改装技术融入教材之中，部分任务填补了国内同类教材的空白。

　　党的二十大精神进教材是二十大精神"三进"（进头脑、进课堂、进教材）活动的重要组成部分，本教材在行文之际，各地各部门兴起了轰轰烈烈的学习党的二十大精神的热潮。本教材编写组认真学习二十大精神，探索将二十大精神"润物无声"地融入教材。主要融入劳动精神、劳模精神、工匠精神、开拓精神、环保意识、创新发展、安全意识、法律观念等。

　　本书由烟台汽车工程职业学院于府平、纪建平和安吉技师学院蔡汉奇担任主编，烟台汽车工程职业学院位佳、冯英荐、付贺阳和山东省淄博市工业学校焦守君担任副主编，云南省玉溪技师学院杨海宏、昆明市晋宁区中等专业学校方华、黑龙江农垦工业学校田文涛、莫旗中等职业技术学校范兴元、广东省岭南工商第一技师学院王利光、邯郸市职教中心商卫、象山港高级技工学校廖小亮、宁波技师学院朱勇兵、安吉技师学院夏文杰、杭州技师学院黄涛、杭州汽车高级技工学校胡国华、烟台瑞达汽车科技有限公司于晓亮参与了编写。临沂市技师学院王鹏担任主审。

编　者

CONTENTS
目 录

项目一 汽车改装行业认知和基础改装

➡ 项目导入

改装行业在全球范围内得到了广泛认可，颇有市场。驾驶一款改装后的汽车可以令车主显得卓尔不群，在车流中总是能得到最高的回头率。对原车的不满意是导致改装车盛行的主要原因，特别是在一些个性化和时尚化造型方面，年轻车主的挑剔程度非常高。所以在学习汽车改装之前有必要对汽车改装行业有一定的认知。

在对车身座椅、底板、顶篷、内饰、门窗、灯光等进行改装的时候，为了保证改装后的汽车舒适性和功能正常，在对上述项目改装的同时，需要进行一些基础改装。一般来说，汽车基础改装包括汽车隔声和汽车线路改装，它可以独立进行，也可以作为其他改装项目的步骤。

任务一 汽车改装行业认知

✏ 任务导入

在发达国家，改装车由来已久。最初出现的改装车是为了更好地参加比赛，所以许多喜欢"飙车"的人纷纷将自己的座驾改装发动机、排气管等多项设备，为的是能在比赛中达到更高的速度，从而获得好成绩，这种改变原车的方法就是现代改装车的由来。一百多年过去了，随着汽车工业的发展以及赛车运动的深入人心，汽车改装也成为普通车迷汽车生活中的组成部分，并渐渐成为一种时尚。那么全球和中国汽车行业的现状和前景如何，我们首先进行一下认知。

✏ 学习目标

知识目标

1. 掌握全球汽车改装行业的参与者、市场规模和未来发展。
2. 掌握中国汽车改装行业的发展模式和市场现状。
3. 了解中国汽车改装行业的发展前景。

技能目标

1. 能正确说出全球汽车改装行业的主要参与者和市场现状。
2. 能正确分析中国汽车改装行业发展模式的优缺点。
3. 能正确分析中国汽车改装行业的市场现状。

素养目标

1. 培养学生一丝不苟、精益求精的工匠精神。
2. 培养学生团结协作、爱岗敬业的敬业态度。
3. 培养学生勇于实践、勇于创新的开拓精神。

知识链接

一、全球汽车改装行业

1. 全球汽车改装市场

根据 OICA 数据，2021 年全球汽车销量居前列的国家分别是中国、美国、日本、德国、印度、法国、巴西、英国、韩国等，如图 1-1-1 所示。其中，中国的汽车销量占全球汽车销量已经超过 30%，排名第一；其次美国的汽车销量约占全球汽车销量的20%，排名第二。综合来看，全球汽车主要需求市场集中在中国、美国和日本，其占比总和超过全球汽车需求市场的一半；汽车改装用户为汽车消费者，通常汽车改装鲜有跨国需求，因此，基于汽车消费者的区域分布特征，汽车改装市场应围绕主要汽车消费市场进行布局。

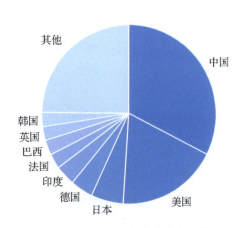

图 1-1-1 2021 年全球汽车销量

2. 全球汽车改装行业主要参与者

目前，行业内主要参与者集中在欧美和中国、日本地区。以美国 EVOLVE 公司为例，该公司是一家国际性的汽车改装公司，主要为跑车提供性能升级服务，如阿斯顿马丁、法拉利、保时捷、路虎揽胜和 VAG。而日本的 TRD，全称 Toyota Racing Development，是丰田（TOYOTA）公司的赛车部门。欧洲 ABT 则长期致力于赛车及汽车改装市场，提供动力、制动、ABT 悬架、空力套件、轮毂等改装配件。中国车之宝主要从事个性定制车内饰改装升级、汽车创意动态展示车改装、汽车音响升级等业务。综合来看，中国汽车改装行业的公司主要从事乘用车改装相关业务，而欧美和日本等市场主要进行赛车和超跑改装。全球汽车改装行业主要参与者见表 1-1-1。

表 1-1-1   全球汽车改装行业主要参与者

国家和地区	主要参与者
中国	车之宝、曼狄卡、陆耐酷车、车质尚、殷龙科技、Stance Form
美国	EVOLVE、Saleen、Revenge Designs、D3、Hennessey
欧洲	ABT、Hartge、AMG、Brabus、Lorinser
日本	TRD、TOM'S、MUGEN

3. 全球汽车改装市场规模

2019 年全球汽车改装市场规模已经超过 2900 亿欧元，2030 年将接近 4186 亿欧元。2017—2021 年，全球汽车改装市场规模逐年上升，2021 年全球汽车改装市场规模超过 3000 亿欧元，如图 1-1-2 所示。汽车改装作为汽车后市场的重要组成之一，在北美、欧洲、日本等汽车工业发达国家和地区获得了快速发展，汽车厂家每生产出一辆新车，其配套的改装配件及技术便应运而生。

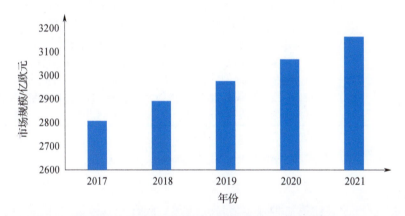

图 1-1-2   2017—2021 年全球汽车改装市场规模

4. 全球汽车改装市场未来发展

2024—2027 年，全球汽车改装市场规模逐年上升，到 2027 年市场规模将会超过 3700 亿欧元，如图 1-1-3 所示。随着全球汽车保有量的上升，发达国家在改装车市场、产品、技术、标准法规、管理体系等方面将会进入相对成熟的阶段。在庞大的消费市场环境下，汽车改装业将会成为一项极具市场发展潜力的朝阳产业。未来，在发达国家领先区域市场的带领下，全球汽车改装市场将得到进一步发展。

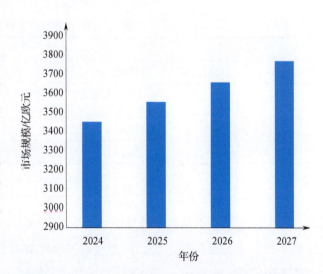

图 1-1-3   2024—2027 年全球汽车改装市场规模预测

二、中国汽车改装行业

1. 汽车改装定义及分类

在我国，汽车改装指的是在汽车制造厂家生产的原车上进行外部造型、内部造型以及机械性能的改动，主要包括车身改装、动力改装、汽车安全性能的改装，及对汽车智能功能方面的改装，以此达到提高汽车性能、美化汽车外观的效果。

从汽车改装的对象角度进行分类，可分为赛车改装和乘用车改装，具体内容见表 1-1-2。

表 1-1-2　汽车改装分类

对象	主要改装内容
赛车改装	赛车的改装较街车严格，因为其需要严格遵守赛例监管。此外，赛车改装的重点在于提高车辆的性能赢得比赛，而不考虑车子的耐用性。多数车队会把发动机和行车电脑等重要部件的原厂安全系数完全透支（如转数更高时才使用断油保护），旨在把车的性能表现发挥到极限
乘用车改装	乘用车改装指的是对日常生活用车的改装，它没有赛例的监管，但是必须符合国家的改装规定。此外，乘用车改装较赛车改装更加注重改装车的全面性，包括车子的耐用性、实用性、全天候性和应付不同路面状况的适应性等。目前市面上的乘用车改装可分为个性化的改装（美观或者标新立异）和注重性能上的表现的改装

2. 中国汽车改装行业发展模式

从现阶段来看，中国汽车改装行业大致存在三种发展模式：第一种是主机厂提供整车，社会改装厂独立进行改装；第二种是主机厂与改装厂联合开发；第三种是主机厂提供全套汽车改装，见表 1-1-3。现阶段这三种模式都是并存的。

表 1-1-3　汽车改装行业发展模式

模式	具体介绍
社会改装厂独立进行改装	因为各大改装厂的资质、技术水平参差不齐，所以改装的质量无法保证
主机厂与改装厂联合开发	主机厂与改装厂联合开发能从一体化的角度把主机厂的技术和改装厂的技术共享，来共同开发汽车改装市场，最大程度地从质量上保证汽车改装后的性能，但该合作模式另一方面也存在知识产权、品牌管理的问题
主机厂提供全套汽车改装	主机厂针对个性化的汽车改装市场，提供独立的汽车改装服务

3. 中国汽车改装市场供给现状

（1）展览会　中国汽车改装行业的发展仍属于初创期，行业标准不统一，但展览会是反映一个行业发展的晴雨表，从展会的参展商和观众的多个维度可以直观反映行业变化。近年来随着行业的发展，中国国际汽车升级套件暨改装车展（AIT）的参展商数量每年增长

30%，2021 年共有来自国内外超过 600 家改装品牌和 7 大整车厂的参与，展出改装案例车和网红车突破 3000 辆；主营汽车改装的专业门店采购商数量增长近 130%；具体改装产品如外观件、轮胎轮毂、功能油品的增速超过 200%，性能改装产品如排气、避振、制动、包围件、发动机周边产品增速超过 56%。

（2）主要业务　总体来说，汽车改装可以概括为三种需求：一是为了外观更好看、更个性，二是为了让行车更安全，三是为了让速度更快。根据中国汽车工业协会的调查数据，贴膜、车体改色、升级汽车音响设备等这方面的改装项目，占到了整个汽车改装市场的 85%，如图 1-1-4 所示。

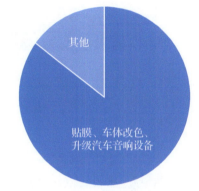

图 1-1-4　2021 年汽车改装消费需求

（3）中国汽车改装用户规模　中国汽车改装行业的用户规模可从中国新领证驾驶人数量上来分析。随着中国新领证驾驶人规模增加，消费者对汽车动力性、安全性和舒适性等的消费需求越来越多，对在用汽车的消费升级、改装需求也是越来越多，中国汽车改装行业的用户规模也随之上升。

根据中国公安部数据，2021 年，中国新领证驾驶人数量达 2750 万人。根据中国汽车金融实验室的数据，有 11.23% 的车主做过汽车改装，剩下 88.77% 的车主没有做过汽车改装。由此测算，2021 年中国汽车改装行业用户规模约为 309 万人，同比增长 23.12%。如图 1-1-5 所示。

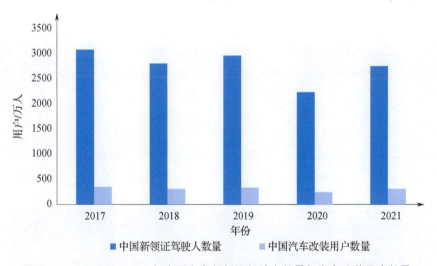

图 1-1-5　2017—2021 年中国汽车新领证驾驶人数量与汽车改装用户数量

（4）中国汽车改装行业消费群体分布　我国汽车改装的消费群体正在逐渐分为三大群体，如图 1-1-6 所示。90 后更加追求外观的漂亮和更快的速度。年轻的车主经常给自己的车子贴上车贴，加上大包围，改上更为彪悍的排气系统，加装尾翼。而他们的目的很简单，就是为了让自己的汽车不像原厂车型那样的千篇一律。相较之下，70 后们则更注重安全性的提升，他们的汽车改装要求，多是为汽车升级。如轮胎要更好的、轮圈要更扎实的、制动系统要更灵敏的、座椅要更舒适的，一切都围绕着安全性的提升而展开。

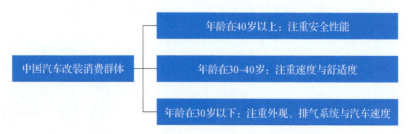

图 1-1-6　中国汽车改装产品消费群体分布

4. 中国汽车改装行业发展前景及趋势预测

近年来，我国的汽车销量屡创新高，赛车行业向产业化趋势过渡，赛车改装规模将随着赛事的风靡而不断增加，中国赛车改装市场也将逐步扩大。而在其他乘用车及商用车改装市场，随着汽车产业与电子信息技术的不断发展，以及人们对驾驶的安全性、舒适性和娱乐性的追求，加之国家也逐渐缩减对汽车改装的限制，汽车改装行业标准逐渐完善，汽车改装技术的应用领域及应用比例将日益扩大。高端化、品牌化、品质化、个性化、定制化逐步成为汽车改装市场的主流方向。

汽车改装分会和改装专业委员会的成立

随着汽车智能化、网联化、电动化及共享化的新四化迅速发展，消费者对汽车动力性、安全性和舒适性等的消费需求越来越多，对汽车的消费升级、改装需求也是越来越多，预计 2027 年中国汽车改装市场规模有望突破 4000 亿元，2024—2027 年复合增长率约为 30%，如图 1-1-7 所示。随着汽车改装行业标准与法规的不断完善，我国汽车改装市场将迎来难得的历史机遇期，未来将会是一个万亿级的市场。

汽车改装易进入的误区

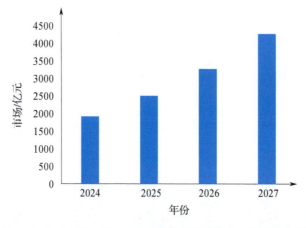

图 1-1-7　2024—2027 年中国汽车改装行业市场前景预测

（一）在教室将学生分为礼、乐、射、御、书、数六组，并制定团队口号，确定成员职责。

（二）在互联网上查询全球和中国汽车改装行业现状的视频和文章，进行记录、提炼、总结。

（三）每组选择一名团队成员上台陈述汽车改装行业现状

任务二 汽车隔声

✎ 任务导入

汽车隔声产品是 20 世纪 80 年代末美国一群汽车音响发烧友为了能够更好地享受到汽车音响所带来的乐趣而开发的，这些产品既可以降低行驶过程中车内的噪声，又可以提升汽车音响的音压和音色。所以说汽车隔声原本是为真正热爱汽车的发烧友而创立的，目的是让更多车主的生活得到完美的升华，享受更美妙的驾驶乐趣。到了现在，汽车隔声项目已经成熟，发展为可以单独进行的改装项目。其价格更低性能更好，大多数的人都可以享受它带来的高品质的生活。

✎ 学习目标

知识目标

1. 掌握汽车噪声的来源。
2. 掌握汽车噪声的改善方法。
3. 掌握汽车隔声材料的种类及作用。

技能目标

1. 能正确判断汽车噪声的来源。
2. 能正确改善汽车噪声。
3. 能正确区分不同的隔声材料。

素养目标

1. 培养学生一丝不苟、精益求精的工匠精神。
2. 培养学生团结协作、爱岗敬业的敬业态度。
3. 培养学生勇于实践、勇于创新的开拓精神。
4. 培养学生艰苦朴素、任劳任怨的劳动精神。
5. 培养学生安全生产、规范操作的安全意识。

知识链接

一、汽车噪声的分类

1. 发动机噪声（图 1-2-1）

发动机噪声俗称"引擎噪"，除发动机体发出的机械声外，它还包括进气系统噪声，即高速气体经空气滤清器、进气管、气门进入气缸，在流动过程中，会产生一种很强的气动噪声。发动机噪声主要由挡火墙和驾驶室的前底板部位传入驾驶舱。

图 1-2-1　发动机噪声

2. 轮胎噪声

轮胎噪声简称为胎噪，一般的胎噪主要由三部分组成：

1）轮胎花纹间隙的空气流动和轮胎四周空气扰动构成的空气噪声。

2）胎体和花纹部分振动引起的轮胎振动噪声。

3）轮胎花纹缝隙嵌入的障碍物（图 1-2-2），或由于路面不平造成的路面噪声。

图 1-2-2　轮胎花纹缝隙嵌入障碍物

3. 空气噪声

空气噪声包括风噪、风漏以及空腔共鸣。

（1）风噪 风噪就是车身周围的气流分离导致压力变化而产生的噪声。

（2）风漏 风漏也叫吸出声，是驾驶室及车身缝隙吸气而与车身周围气流相互作用产生的噪声。

（3）空腔共鸣（图1-2-3） 只要有固定空间的空腔部，就会产生共鸣，使得声强声压大幅度提高。如果共鸣的频率在人体不舒适的50~300MHz附近，人耳和头部就会感到极度不适，容易使耳朵里产生嗡嗡的轰鸣声。两厢车由于腔体大，比三厢车更容易产生共鸣效应；腔体如在车厢外和底部的轮胎空腔部分则更容易产生共鸣，可以在悬架部位增加衰减器衰减某些频段的轮胎空腔共鸣。

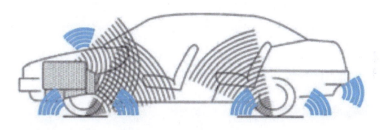

图1-2-3 空腔共鸣

4. 车身结构噪声（图1-2-4）

车身结构噪声主要是受两个方面因素影响。

1）车身结构的振动传递方式。

2）车身上的金属构件在内部和外部作用下振动而产生噪声。

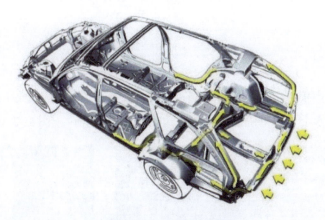

图1-2-4 车身结构噪声

二、噪声的改善

1. 发动机噪声改善

对于发动机噪声我们应理性去看待，发动机会随转速的不同而产生程度不同的噪声，它没有一个恒定的标准，但是，发动机的转速是由车辆行驶状态和驾驶人员操控的。对发动机的声音除了由驾驶人进行控制外，汽车隔声工程还能再进一步地改善，具体施工部分如下。

1）发动机舱盖的施工能延缓前盖板因温度过高而掉漆，并能减少通过上盖传出的发动机噪声。

2）挡火墙内外部分施工可改善发动机发动后低频噪声的传入。施工后发动机声变得更加纯净，驾驶人会有更好的操纵体验。如果要让发动机声有较明显的改善，施工部分是比较复杂的，需要进行一定高难度的作业，具体施工内容与步骤有以下几点：

①拆开仪表台，完全处理挡火墙内部。

②卸下发动机，完全处理挡火墙外部。

这个施工对发动机噪声的减少效果是比较明显的，但是施工过程可能会对车体原有设备造成改变和影响，一般不建议对此部分进行施工操作，对于发动机声应理性对待，不应过分追求对发动机声的控制，而是让发动机发挥它应有的动力感。

2. 路噪和胎噪的改善

路噪和胎噪是因为轮胎和路面摩擦产生振动和噪声，所以减振是最好的方法，用止振板或专用减振板和隔声棉及车门密封条对翼子板和车底板及车门进行全面施工可以从减振、吸声、隔声三个源头改善胎噪和路噪。

3. 风噪的改善

风噪是因为风的压力超过车门的密封抗阻力而形成，所以加强密封阻力是最直接最根本的解决方法，车门密封条和内芯密封条就能很好解决这一问题。

三、隔声材料

1. 隔声棉

在汽车上铺设隔声棉可以产生很好的隔声效果（图1-2-5），隔声效果的好坏主要体现在材料性能和施工技术上，另外隔声棉边缘封边也可以有效隔声（图1-2-6）。

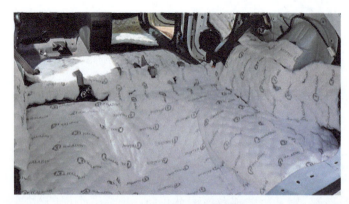

图1-2-5　铺设好的隔声棉

图1-2-6　隔声棉边缘封边

对隔声棉材料性能的要求是止振、隔声、吸声，而且环保、耐老化、防火阻燃性能要优秀。

适合大家普遍使用的汽车隔声材料包括阻尼隔声止振垫、阻尼隔声吸声棉和聚酯纤维棉等。

2. 止振板（图 1-2-7）

止振板具有良好的隔声、减振、保温、隔热性能。止振板起到的作用是：消除怠速噪声，减少行驶中钣金件产生的低频振动而导致的低频噪声，提高行车的舒适性。

3. 隔声密封条

加装隔声密封条前后对比如图 1-2-8 所示，加装隔声密封条可以使汽车相关性能显著提高。隔声密封条的作用如下：

1）减少车门撞击，抑制风噪。

2）优化发动机舱散热气流。

3）提高空调制冷制热效果。

4）有效防止雨水、灰尘进入。

5）减轻高速行驶时的风噪声。

6）开关门的声音变得沉稳厚重，降低车内噪声。

图 1-2-7 止振板

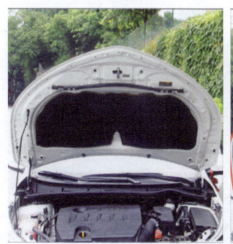 

图 1-2-8 加装隔声密封条前后对比

四、汽车噪声检测标准

根据《机动车运行安全技术条件》和《汽车加速行驶车外噪声限值及测量方法》，规定汽车最大的噪声级别如下（表 1-2-1）。

表 1-2-1　汽车加速行驶车外噪声限值

序号	车辆类型	车外最大允许噪声 /dB
1	载货汽车	92
2	轻型越野车	89
3	公共汽车	89
4	轿车	84

　　客运车辆内部的最大噪声不能大于 82dB，汽车驾驶人的耳旁噪声级不得大于 90dB，喇叭的声级在离车 2m、离地高 1.2m 的时候对应的值为 90~115dB。

任务实施

实训准备

　　1．实训人员必须穿戴相应的防护用品（工作服、防护手套等）。

　　2．工具准备：螺钉旋具、内饰板卡扣、撬板、剪刀、气囊、壁纸刀、止振板以及止振板滚轮。

　　3．开展实训作业之前对汽车外观做好必要的防护（发动机舱盖、翼子板、车门等），以免操作过程中划伤车漆。

　　4．严格按照工艺流程操作。

实训时间

　　90 分钟

汽车车门隔声施工流程

1．拆卸车门内饰板

　　1）使用拆卸工具拆卸内饰板螺钉，从内饰板下端使用塑料撬板撬开缝隙，将气囊塞入缝隙内，给气囊加压撑开内饰板，使用工具拆卸门板固定支架上的 3 颗螺钉，如图 1-2-9 所示。

图 1-2-9　拆卸门板固定支架上的螺钉

2）拆除原车扬声器螺钉，使用塑料撬板拆卸原车扬声器，拔掉原车扬声器线束。拆卸完成后，使用壁纸刀将原车防水防尘薄膜拆卸下来（图1-2-10）。

车门隔音施工

图1-2-10　原车防水防尘薄膜拆卸

！ 注意事项：

夏天时塑料卡扣比较好拆，不易损坏，冬天时要注意拆卸力度，否则卡扣可能损坏。

2. 找到张贴止振板位置

车门里面至少需要贴两层止振板。第一层止振板需要贴在车门的里面，也就是车门最外侧的钣金件上。第二层需要贴在原车防水防尘薄膜的位置上（图1-2-11），而消声棉的粘贴位置是在车门内饰板的背面。

图1-2-11　贴在原车防水防尘薄膜的位置上

3. 裁剪止振板

因为门板里面并不是一个完全的平面，是会有横向和纵向的加强筋，所以首先要确保绕开横向和纵向的加强筋，其余的部位要全部张贴满（图1-2-12）。

测量每个面的大小，根据测量的尺寸裁剪止振板，将止振板塞进门板里面，查看大小是否合适，不合适再进行修改，直至止振板大小符合尺寸。

图 1-2-12　裁剪止振板

4. 张贴第一层止振板

将止振板靠下面的位置塞进，调整止振板位置，撕掉止振板反面的保护膜，装贴止振板，将止振板滚轮伸到车门板里面去，然后尽量地压紧压实止振板，把它彻底地张贴在门板上，反复操作直至将门板全部张贴完（图 1-2-13）。

图 1-2-13　张贴第一层止振板

❶ **注意事项：**

① 张贴止振板时必须佩戴防护手套，因为止振板的表层是一层很薄的铝板，若操作不慎容易割伤手。

② 中低音扬声器的后面，一定要用止振板将其全部贴满，最好是能够多贴一层，因为扬声器在振动的时候是前后振动的，那么它影响最大的就是后方的门板，所以这个位置上的止振是非常重要的。

5. 第二层止振板修剪

将刚拆除下来的原车的防水防尘膜张贴在止振板表面。按照它的大致轮廓，将止振板修剪成这个防水防尘膜的形状（图 1-2-14）。

6. 止振板孔洞裁切

按照防水防尘膜上的螺钉孔以及它预留的一些孔位的相对位置，例如线束穿线孔、螺钉安装孔位等，在止振板上裁切相对应的孔洞，完成止振板孔洞裁切（图 1-2-15）。

图 1-2-14　修剪止振板

图 1-2-15　止振板孔洞裁切

7. 张贴止振板

将止振板张贴至原车防水防尘膜的位置。从上往下贴，将车门把手线束插头和线束全部穿过止振板，使用止振板滚轮来回碾压止振板（图 1-2-16），直至将止振板压实压紧。

图 1-2-16　使用滚轮碾压止振板

8. 安装隔声棉

将汽车隔声棉安装至门板的背面，安装门板，车门隔声安装完成（图 1-2-17）。

图1-2-17　车门隔声完成

注意事项：

　　剪裁止振板时，应使用裁刀将止振板裁切成宽度均匀的条状，然后再进行铺装。止振板的作用是减少铁皮振动的频率，如果选择满铺，就相当于把整个钣金件给加厚了，虽然它的振动次数减少了，但是它的振动幅度会变大，这样就会产生低频嗡嗡声。

任务三　汽车线路改装

任务导入

　　汽车改装时一定会涉及汽车线路的问题，汽车改装过程中，如果将改装加装设备直接接到原车线路上（比如中排航空座椅），有可能会造成原车线路过热并发生自燃。因为原车生产过程中，所用的线束继电器熔丝都只适合原车设备，没有考虑将来加装其他的产品，外增设备会造成原车线路的超负荷运转，轻者造成汽车熔丝继电器损坏，严重的将造成汽车的自燃。

　　为了避免汽车被损坏，汽车改装中最重要的线束改装，我们采用增加整车线束的方法，不再接原车任何电路，做到无损原车线路，改装过程中所增加的产品都是接在整车线束上面。

学习目标

知识目标

1. 掌握整车线束的组成。

2. 掌握加装整车线束的方法。

3. 掌握改装异响的种类及解决方法。

技能目标

1. 能正确进行整车线束初步安装。
2. 能正确消除汽车改装异响。

素养目标

1. 培养学生一丝不苟、精益求精的工匠精神。
2. 培养学生团结协作、爱岗敬业的敬业态度。
3. 培养学生勇于实践、勇于创新的开拓精神。
4. 培养学生艰苦朴素、任劳任怨的劳动精神。
5. 培养学生安全生产、规范操作的安全意识。
6. 培养学生诚实守信、依法生产的法律观念。

知识链接

改装汽车线路时，涉及人们最关心的两个问题。一是影响原车线路的问题，这些影响包括：加装的东西越来越多，会不会出现漏电，会不会导致蓄电池亏电，会不会造成短路以及自燃。二是在改装线路时出现的汽车异响问题。在改装汽车线路时一定要妥善解决好这两个问题。

一、解决影响原车线路的问题

采用增加整车线束的方法，不连接原车任何电路，做到无损原车线路，改装过程中所增加的产品都是接在整车线束上面，这样就可以将对原车线路的影响降至最低。整车线束总成连接方法：将整车线束插头及模块接口与蓄电池保护器对插，整车线束总成需要在原车取 3 根常电，1 根 ACC 电源线，门灯控制线接原车顶灯电源线。

整车线束是汽车中的一个重要组成部分，它是由多根电线和插接器组成的系统，用于连接车辆各个组件和设备，如发动机、灯光、音响和仪表板等。整车线束的原理是将所有需要用电的设备和组件连接在一起，形成一条完整的电路系统，以保障车辆正常运行和安全驾驶。

整车线束通常由两个主要部分组成：主线束和分支线束。主线束是整个系统的核心，它连接了车辆的主要电气组件，如发动机控制模块、变速器、照明系统和车载音响等。分支线束则用于连接较小的电气设备和附件，如喇叭、电动车窗和电子起动机等。

整车线束的原理是通过电子控制模块（ECM）控制各种电气设备和组件的工作，以实现车辆的正常运行和安全驾驶。ECM 是车辆电子系统中的大脑，它接收来自各种传感器和开关的信号，并根据这些信号控制发动机、变速器和其他系统的工作。整车线束通过将所有电气设备和组件连接到 ECM 上，实现了各种设备和组件之间的协调工作，从而保障了车辆的正常运行。

整车线束的设计和制造需要考虑到多种因素，如电气性能、耐用性、安全性和易维护性等。制造商通常会使用高品质的材料和先进的生产工艺，以保证线束的质量和可靠性。同时，整车线束还需要经过各种测试和验证，以确保它们符合各种标准和要求。

总之，整车线束是现代汽车中不可或缺的电气系统，它的原理是通过将所有电气设备和组件连接在一起，实现车辆各个系统的协调工作，从而保障车辆的正常运行和安全驾驶。

整车线束包括：迎宾踏板总成、冰箱插头、氛围灯插头、驾驶人电插头（前排驾驶侧）、前排乘客电插头（前排乘客侧）、吸顶电视插头、吸顶灯插头、右首电插头（中排右座椅）、左首电插头（中排左座椅）、三连排电插头（三排沙发床）、预留插头及 2 根接地线（负极）。

二、解决异响问题

（1）木地板异响解决　木地板的背面都附有隔声棉，木地板的周围附有密封垫，这样能有效地减少地板与车体之间摩擦产生的异响。

（2）汽车卡扣异响解决　在线路改装过程中，需要拆解内饰板及装饰条，不可避免地就会产生卡扣的断裂及变形，为了确保严丝合缝，所更换的卡扣必须是原车原厂卡扣，副厂的卡扣间隙过大，行驶过程中如果遇到车辆颠簸会产生异响。

（3）改装件异响解决　改装升级过程中，尽量使用原车件，原车件可以最大程度地避免因为安装孔位位置偏差产生的异响。

解决异响关键的办法就是路测，很多异响可能来源于某个螺钉松动，某个卡扣掉落在角落里。

任务实施

实训准备

1. 实训人员必须穿戴相应的防护用品（工作服、防护手套等）。

2. 工具准备：螺钉旋具、内饰板卡扣、撬板、剪刀、气囊、壁纸刀、止振板以及止振板滚轮。

3. 开展实训作业之前对汽车外观做好必要的防护（发动机舱盖、翼子板、车门等），以免操作过程中划伤车漆。

4. 严格按照工艺流程操作。

实训时间

90 分钟

整车线束安装

1）拆卸熔丝总成外置内饰板（图1-3-1）。

图1-3-1 拆卸内饰板

2）将熔丝盒固定卡扣拆卸，取下熔丝盒总成（图1-3-2）。

图1-3-2 取下熔丝盒总成

3）使用撬板拆解熔丝盒，拆掉熔丝盒后盖（图1-3-3）。

图1-3-3 拆掉熔丝盒后盖

4）常电取电，全车线束总成需要取3根常电线和1根ACC线（图1-3-4）。

整车线束安装

图 1-3-4　常电取电

5）3 根常电线分别接入原车熔丝盒后面的电源线上，使用电烙铁锡焊固定（图 1-3-5）。

图 1-3-5　使用电烙铁锡焊固定

6）使用绝缘胶带对电线进行固定绝缘（图 1-3-6）。

图 1-3-6　电线绝缘

7）关闭开关，断开 ACC 线路（图 1-3-7）。

8）查找原车熔丝盒 ACC 线路，使用测电笔测量熔丝盒内的熔丝，将测电笔不亮的熔丝的位置记录下来。再打开开关接通 ACC 线路，使用测电笔测试刚才不亮的熔丝，如果测电笔发亮，说明此熔丝为车辆电源 ACC 熔丝，如图 1-3-8 所示。

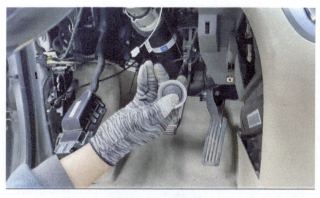

图 1-3-7 关闭开关

图 1-3-8 查找原车熔丝盒 ACC 线路

9）将全车线束 ACC 线并入熔丝盒后面的端子内，再次使用电烙铁锡焊固定，如图 1-3-9 所示。

图 1-3-9 再次使用电烙铁锡焊固定

10）使用绝缘胶带进行固定绝缘（图 1-3-10），也可以使用取电器进行取电。

11）将熔丝盒复原，安装回车辆原先位置并进行固定，如图 1-3-11 所示。

12）前排线束铺设（图 1-3-12）。对左前排线束走线，从熔丝盒沿着前门槛走线，掀开地毯，将左前排线束穿过地毯放置在原车线路预留的线束位置；对右前排线束走线，从熔丝盒沿着中控仪表板下方走线至右前门门槛位置，再穿过地毯，放置于右前排原车线路预留的线束位置。

图 1-3-10　绝缘胶带固定

图 1-3-11　熔丝盒复原固定

图 1-3-12　前排线束铺设

　　13）中排线束铺设（图 1-3-13）。将中排航空座椅线束从左右前排座椅穿过地毯，将线束放置于底盘凹槽内，而后走线至中排航空座椅安装位置。

图 1-3-13 中排线束铺设

🔔 **注意事项：**

①必须在底盘凹槽内走线，后期铺设地板时才能保证不会压伤线束，否则铺设地板或者地毯会磨损线束。

②为了防止线束移动，需使用止振板将线束固定于底盘上，使用止振板滚轮反复按压，直至固定（图 1-3-14）。

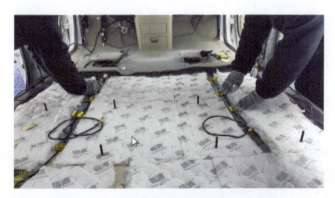

图 1-3-14 使用止振板将线束固定于底盘

14）铺设车顶线束（图 1-3-15）。从熔丝盒线束总成开始，依次沿着门槛、B 柱向上铺设至车顶，将插头放置于汽车顶灯、车载电视安装位置，整车线束铺设完成。

图 1-3-15 铺设车顶线束

汽车前排座椅改装

🔜 项目导入

　　汽车座椅是坐车时乘坐的座椅，为驾乘人员提供便于操作、舒适安全的驾驶、乘坐位置。汽车座椅作为汽车内饰系统的重要部件，同时也是汽车上最重要的安全部件之一，直接关系到乘员乘坐的舒适性、安全性和方便性等，并影响人们对汽车的评价。因此，在安全性这一核心属性得到保证的前提下，舒适化、智能化、轻量化将是汽车座椅发展的方向，也将成为汽车销量的强力保障。

　　汽车座椅不仅提供座位，使人轻松舒适，同时也是重要的安全部件，对坐在座椅上的人员提供安全和保护，汽车的座椅基本上都是由汽车配件厂专门生产的。对于当今的车主而言，在保证安全的前提下对座椅的舒适性、方便性要求越来越高。很多原车的座椅总有一些不尽人意的地方，比如：材质较差、包裹性不好、功能性不齐全等。为满足车主需求，对汽车座椅进行改装很有必要。在本项目中，我们将学习如何进行前排座椅驱动方式改装；如何加装前排座椅通风系统；如何加装前排座椅加热系统；如何加装前排座椅车载桌板；如何进行汽车座椅真皮包覆。

　　随着汽车市场蓬勃发展，汽车的产销量和保有量不断提高，汽车后服务市场也随之发展起来。车主对汽车座椅的舒适性、便利性要求越来越高。在本项目中，我们将通过任务描述，阐述汽车前排座椅改装的要求，并进行任务分析，引领学生分步骤完成任务点。本项目讲解了针对汽车前排座椅改装的相关知识，帮助学生拓展思维，并通过任务实施，将理论融于实践，通过知识链接，完成课后提升，温故而知新。

任务一　前排座椅驱动方式改装

✏️ 任务导入

　　汽车前排座椅一般为驾驶人座椅和前排乘员座椅。正确的驾乘姿势可以有效保护驾乘者的安全，若是座椅位置不合适，就会影响驾驶人视线和操控的灵敏度，甚至导致交通事故，伤害到自己和他人，同时也会影响到驾乘人员的舒适性。因此驾乘人员在开车前的第一件事就是要调整好座椅的位置。前排座椅一般来讲可以进行前后、高度和角度调节，调节的方式有手动调节和电动调节两种。

一般来说，低配置车型几乎都是手动座椅，而中配置车型和高配置车型则配备了电动座椅。在乘坐舒适性方面，电动座椅比手动座椅有更好的乘坐体验，很多电动座椅还具有记忆功能，根据车主的使用习惯自动调节座椅姿势，这些优点是手动座椅无法比拟的。通过认识手动座椅、电动座椅的结构及调节方法，对前排座椅驱动方式进行改装，实现座椅调节手动变电动。

✎ 学习目标

知识目标

1. 掌握汽车手动座椅的调节方法。
2. 掌握汽车电动座椅的调节方法。
3. 掌握汽车电动座椅的驱动方式。
4. 掌握汽车电动座椅的改装方法。

技能目标

1. 能正确进行汽车手动座椅调节。
2. 能正确进行汽车电动座椅调节。
3. 能正确对汽车座椅进行电动驱动改装。

素养目标

1. 培养学生一丝不苟、精益求精的工匠精神。
2. 培养学生团结协作、爱岗敬业的敬业态度。
3. 培养学生勇于实践、勇于创新的开拓精神。
4. 培养学生艰苦朴素、任劳任怨的劳动精神。
5. 培养学生安全生产、规范操作的安全意识。
6. 培养学生诚实守信、依法生产的法律观念。

知识链接

一、汽车座椅功用

汽车座椅是人与汽车接触最多的部件，也是为乘客提供驾驶舒适性的重要组成部分。汽车为高速运动体，乘员是处在复杂的环境中，当长时间乘坐汽车时，由于不能自由活动，因而汽车座椅极大地影响着乘客的乘坐舒适性。舒适性良好的汽车座椅可以增加乘客驾驶舒适性，降低事故率，提高安全性能。

一般的汽车座椅应当满足以下条件：

1）良好的静态特性。

2）良好的减振动态特性。

3）良好的造型形态。

4）具有多种调节功能，以满足不同性别、不同身材的人的乘坐需求。

二、汽车座椅的分类

汽车座椅有不同的分类方式：按材质分为织物座椅、革质座椅、真皮座椅。按乘坐人数分类，有单人座椅、双人座椅和多人座椅；按照功能分可分为手动座椅（图2-1-1）、电动座椅（图2-1-2）、悬挂座椅、记忆座椅、轻量型座椅和安全座椅。

图 2-1-1　手动座椅

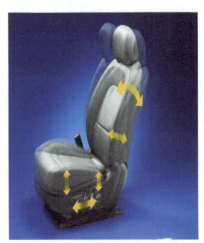
图 2-1-2　电动座椅

三、座椅系统组成

座椅系统组成零件的种类及数量繁多，且结构复杂。一般而言，座椅系统主要由座椅蒙皮、靠背、坐垫、装饰件、头枕、弹性元件、调节机构、骨架等部分组成，如图2-1-3所示。

四、手动座椅调节

（1）前排座椅头枕调节（图2-1-4）　若要升高或降低头枕，可以按住位于座椅头枕侧面的调节按钮，向上抬起或向下按压头枕至所需高度，然后松开按钮。再次轻轻按压或抬起头枕，直到听到咔哒声以确保头枕锁定到位。

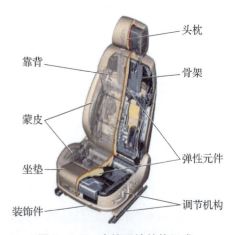
图 2-1-3　座椅系统结构组成

（2）座椅前后调节（图2-1-5）　握住座椅前后调节手柄向上拉，然后身体轻靠座椅，将座椅滑动至所需位置，松开调节手柄，至听到座椅滑轨发出咔嚓声响，座椅锁住为止。

（3）座椅靠背角度调节（图2-1-5）　当需要向后调节靠背角度时，将靠背角度调节手柄抬起，靠背解锁，背部向后轻压座椅靠背，使靠背向后旋转至所需位置后，放下靠背角度调节手柄，靠背锁止。

当需要向前调节靠背角度时，将靠背角度调节手柄抬起，靠背解锁，背部慢慢离开座椅靠背，待靠背向前旋转至所需位置后，放下靠背角度调节手柄，靠背锁止。

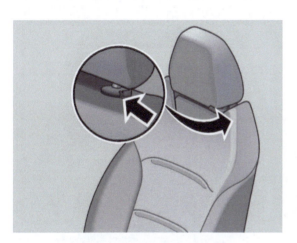

图2-1-4　前排座椅头枕调节

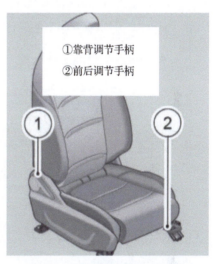

①靠背调节手柄
②前后调节手柄

图2-1-5　座椅前后及靠背调节

五、电动座椅调节

电动座椅调节包括座椅前后调节、座椅高度调节、坐垫角度调节和靠背角度调节（图2-1-6）。

（1）座椅前后调节（图2-1-7）　沿箭头方向推动开关，向前或向后移动座椅。

（2）靠背角度调节（图2-1-8）　沿箭头方向推动开关后部，调节座椅靠背的倾斜度。

（3）座椅高度调节（图2-1-9）　沿箭头方向推动开关后部，座椅整体高度会降低或升高。

（4）电动腰托调节（图2-1-10）　增强或减弱腰托，可以按住圆形控制按钮的前部或后部；升高或降低腰托，可以按住圆形控制按钮的顶部或底部。当座椅靠背达到理想的腰托位置时，松开控制按钮。

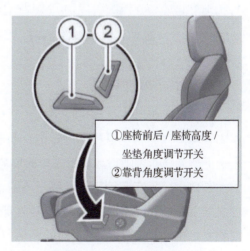

①座椅前后 / 座椅高度 /
坐垫角度调节开关
②靠背角度调节开关

图2-1-6　电动座椅调节装置

图 2-1-7　座椅前后调节

图 2-1-8　靠背角度调节

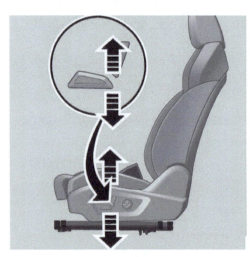

图 2-1-9　座椅高度调节

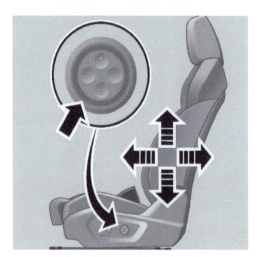

图 2-1-10　电动腰托调节

六、电动座椅优点

电动座椅相对于手动座椅来说，它最突出的优势就是调节方面，手动座椅在调节的时候比较麻烦，而且也是特别困难的，而电动座椅的调节，相对来说就更加地方便了，只需按一下就能够非常随意地调整座椅的姿势，轻松又非常的快捷。

电动座椅具有座椅记忆功能。座椅记忆功能即电动座椅与车载计算机结合在一起，就可以增加座椅的记忆功能，对座椅存储的信息参数实现智能化管理。比如车主将座椅调整到自己舒适的位置并对此刻的座椅位置参数进行保存，在下次上车时就不需要重新进行调整，只需轻轻按一个按钮便可调整到之前的状态，一般电动座椅都具有 2~4 个记忆组数。

任务实施

实训准备

1. 实训人员必须穿戴相应的防护用品（工作服、防护手套等）

2. 开展实训作业之前对汽车外观做好必要的防护（发动机舱盖、翼子板、车门等），以免操作过程中划伤车漆。

3. 严格按照工艺流程操作。

实训时间

90 分钟

一、拆除座椅皮套和护壳

1）拆卸座椅面板螺钉，螺钉位置如图 2-1-11 所示。

2）逆时针旋转，拆卸头枕装饰盖，如图 2-1-12 所示。

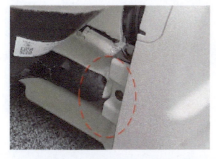

图 2-1-11 座椅面板螺钉位置

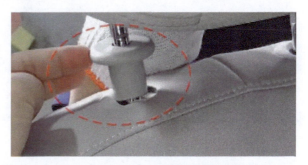

图 2-1-12 拆卸头枕装饰盖

3）拆卸座椅头枕管卡扣（图 2-1-13），拔出头枕，两个头枕都各有一个头枕管。

4）拆卸座椅护壳，如图 2-1-14 所示。

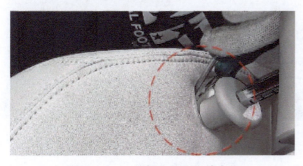

图 2-1-13 拆卸座椅头枕管卡扣

图 2-1-14 拆卸座椅护壳

5）拆卸座椅螺钉，螺钉位置如图 2-1-15 所示。

6）拆卸安全带定位件，如图 2-1-16 所示。

图 2-1-15　座椅螺钉位置

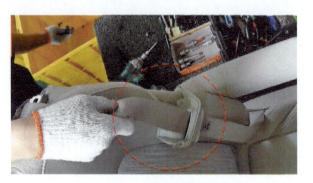

图 2-1-16　拆卸安全带定位件

7）按照图中所示角度向上撬动，拆卸座椅扶手，如图 2-1-17 所示。

8）用螺钉旋具拆卸装饰盖（图 2-1-18），并旋下装饰盖内的螺钉，螺钉位置如图 2-1-19 所示。

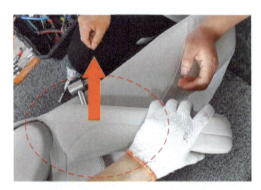

图 2-1-17　拆卸座椅扶手

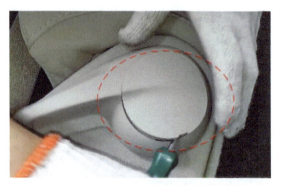

图 2-1-18　拆卸装饰盖

9）拆卸座椅调节手柄，手柄位置如图 2-1-20 所示。

图 2-1-19　螺钉位置

图 2-1-20　调节手柄位置

10）拆卸座椅前挡板，如图 2-1-21 所示。

11）旋松护壳螺钉后（螺钉位置如图 2-1-22 所示），卸掉护板，如图 2-1-23 所示。

12）按照如图 2-1-24 所示位置，卸掉座椅靠背螺钉。

图 2-1-21　拆卸座椅前挡板

图 2-1-22　螺钉位置

图 2-1-23　卸掉护板

图 2-1-24　卸掉座椅靠背螺钉

13）在座椅右侧，按压打开如图 2-1-25 所示位置，找到里面的三颗螺钉（螺钉位置如图 2-1-26 所示）并旋松。

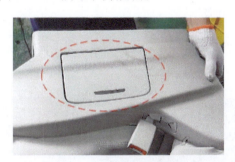

图 2-1-25　按压打开位置

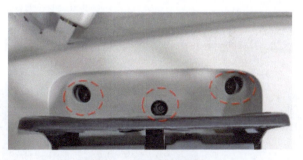

图 2-1-26　螺钉位置

14）螺钉拆完后，卸掉右侧座椅护板，如图 2-1-27 所示。

15）旋松如图 2-1-28 所示螺钉，卸掉座椅靠背。

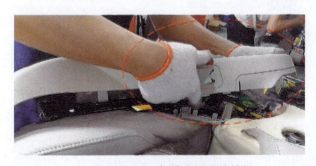

图 2-1-27　卸掉右侧座椅护板

图 2-1-28　座椅靠背螺钉位置

16）座椅靠背皮套拆卸完毕后，在座椅如图 2-1-29 所示位置装上卡扣。

图 2-1-29　装上卡扣

二、座椅靠背电动机安装

1）拆卸座椅安全带锁，安全带锁固定螺钉位置如图 2-1-30 所示。

图 2-1-30　固定螺钉位置

2）沿着座椅手动调角器边缘将其切掉，注意不要切到安全带锁固定装置，如图 2-1-31 所示。

图 2-1-31　切割手动调角器边缘

3）如图 2-1-32 所示，切掉另一侧的手动调角器。

4）将两侧手动调角器切割位置打磨平整，去掉周围的障碍物，打磨效果如图 2-1-33 所示。

5）将电动调角器焊接固定，采用塞焊的方式进行，如图 2-1-34 所示。注意：应先进行临时点焊，以确认两边同步。

6）将座椅放在平面上进行验证，两边调角器一定要同步（图 2-1-35），确认同步后再焊接牢固。

图 2-1-32　切掉另一侧手动调角器

图 2-1-33　打磨效果

图 2-1-34　塞焊临时点焊

7）对准上下孔位，用电动扳手安装靠背电动机和电动调角器，如图 2-1-36 所示。

图 2-1-35　调角器同步验证

图 2-1-36　安装电动机和电动调角器

8）电动机找好位置后，将钣金件焊接固定，温度降低后拧紧螺钉，焊接和螺钉位置如图 2-1-37 所示。

9）焊接处理连接杆两端，防止脱落，并切除多余部分，如图 2-1-38 所示。

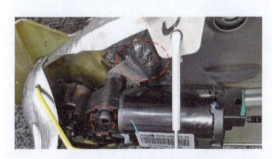

图 2-1-37　焊接和螺钉位置

图 2-1-38　焊接连接杆两端

10）按图 2-1-39 中所示位置旋紧螺钉，将安全带锁固定。

图 2-1-39　旋紧螺钉位置

三、安装电动脚托

1）沿着图中红色虚线的位置，切割多余的钣金件，如图 2-1-40 为切割完毕状态。

图 2-1-40　切割完毕状态

2）按照图 2-1-41 中所示位置对螺钉进行固定，注意一定要对好螺钉孔位。

3）在如图 2-1-42 所示位置进行自攻螺钉固定。

图 2-1-41　螺钉孔位

图 2-1-42　自攻螺钉位置

四、安装前后驱动机构

1）按照图 2-1-43 中所示位置，旋松螺钉，拆卸座椅底托。

2）穿上螺钉孔，拧紧螺钉，装上前后驱动机构，如图 2-1-44 所示。

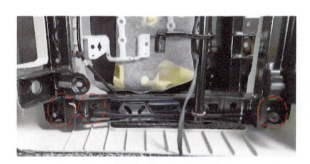

图 2-1-43　螺钉位置

图 2-1-44　前后驱动机构安装

五、对护板进行开孔

1）将护板如图 2-1-45 中所示位置处理平整。

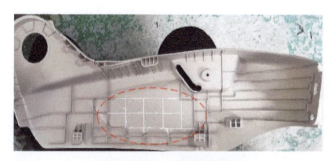

图 2-1-45　处理平整位置

2）将图 2-1-46 中所示位置的棱角减掉，并处理平整。

图 2-1-46　棱角位置

3）旋紧图 2-1-47 中所示螺钉，将装饰盖固定好。

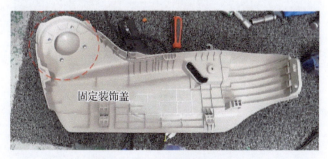

图 2-1-47　旋紧螺钉位置

4）找好安装孔位置，并大致按照安装孔形状和位置做好标记，如图 2-1-48 所示。

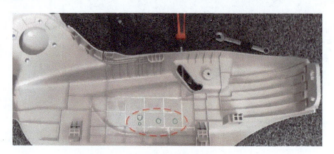

图 2-1-48　安装孔形状和位置

5）用电动钻对画好的位置进行开孔，开孔效果如图 2-1-49 所示。

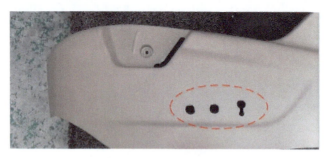

图 2-1-49　开孔效果

6）将护板安装到位，螺钉应正好位于孔的正中心，拧紧螺钉，如图 2-1-50 所示。

图 2-1-50　螺钉对准孔中心

7）打胶固定座椅按摩通风控制开关，如图 2-1-51 所示。

图 2-1-51　打胶固定座椅按摩通风控制开关

8）连接线束卡扣，如图 2-1-52 所示。

图 2-1-52 连接线束卡扣

9）将座椅调整开关装上，并安装护板，完成操作，如图 2-1-53 所示。

图 2-1-53 安装完成

任务二 加装前排座椅通风系统

✏️ 任务导入

　　驾乘人员长时间与座椅接触，座椅不透气的情况下，座椅表面的温度和湿度会越来越高，座椅通风能够让车辆的座椅透气散热，能够有效地降低座椅表面温度。座椅通风还能防止背部积汗，有利于保持座椅表面和乘客衣服的干爽。座椅通风空调独有的通风循环系统，源源不断地将新鲜空气从座椅坐垫与靠背上的小孔流出，防止臀部与后背积汗。通过加装前排座椅通风系统，可以提升驾乘人员的舒适度。

　　座椅通风指的就是在座椅内部加装了通风系统使空气的流通性更好，可以使驾乘人员感受到凉意，主要方式分为吸风和吹风两种。目前只有一些高端车型才配备这个功能，对于普通车辆可以通过后期改装来实现该功能。

学习目标

知识目标

1. 了解座椅通风的优缺点。
2. 掌握座椅通风的原理。
3. 掌握座椅吹风通风方法。
4. 掌握座椅吸风通风方法。

技能目标

1. 能正确说明座椅通风的原理。
2. 能正确使用工具进行前排座椅通风改装。

素养目标

1. 培养学生一丝不苟、精益求精的工匠精神。
2. 培养学生团结协作、爱岗敬业的敬业态度。
3. 培养学生艰苦朴素、任劳任怨的劳动精神。
4. 培养学生安全生产、规范操作的安全意识。
5. 培养学生绿水青山就是金山银山、节能减排的环保意识。

知识链接

一、前排座椅通风的优点和缺点

1. 优点

座椅通风是汽车座椅空调的"避暑装置"。夏季虽然有自动空调能够保持车内恒定温度，但由于乘员身体与座椅紧密接触，接触部分空气不流通，不利于汗液排除，会使人感觉不舒服。

座椅通风空调独有的通风循环系统，源源不断地将新鲜空气从座椅坐垫与靠背上的小孔流出，防止臀部与后背积汗，提供舒适的乘坐环境，有效改善了人体与椅面接触部分的空气流通环境，即使长时间乘坐，身体与座椅的接触面也会干爽舒适。

2. 缺点

1）使用带有通风功能的座椅，需要安装通风网和风扇，会导致座椅舒适度下降，座椅偏硬。

2）带有座椅通风功能的汽车，价格普遍比较贵，成本较高。

3）如果汽车座椅通风采用的是吹风设计，虽然也能够降低乘客背部温度起到清凉效果，但是对健康不利。尤其是在空调释放冷气时的吹风，更容易造成腰部和臀部不舒服。

二、前排座椅通风功能原理

汽车座椅通风是汽车安全配置的重要组成部分，在许多车型上，已成为一项标准配置。它通过向座椅的表面提供一定的通风，可以让驾驶人和乘客感到舒适。

图 2-2-1　通风功能座椅

汽车座椅通风的原理主要是利用汽车风扇的风力，将外部的新鲜空气吸入汽车内部，并引导到座椅的表面，以降低汽车座椅的温度，减少驾驶人和乘客的汗湿感，如图 2-2-1 所示。

汽车座椅通风系统一般由通风孔、风口、风扇、滤清器和温度传感器组成。通风孔是连接外部空气与内部空气的通道，风口是用来向座椅表面喷射风的管道，而风扇则是把外部空气吸入内部的器件，滤清器则可以把外部空气中的灰尘和颗粒等污染物阻挡住，温度传感器则可以检测室内的温度，当温度升高时，风扇就会自动启动，向座椅表面喷射新鲜空气，以降低温度。汽车座椅通风系统不仅能让驾驶人和乘客更加舒适，而且还有助于防止热量在汽车内部的积聚，防止汽车座椅变形，从而延长座椅的使用寿命。

因此，汽车座椅通风系统不仅是汽车安全配置的重要组成部分，而且是提升汽车使用体验的重要因素。它能够有效减少驾驶人和乘客的汗湿感，从而提高驾驶的安全性和舒适性。此外，它还能有效降低汽车内部的温度，延长汽车座椅的使用寿命。

三、吹风功能式座椅

吹风功能式座椅（图 2-2-2）是指将空气从座椅下面吸入，然后从座椅表面的通风孔吹出来。这种通风方式在结构和原理上相对比较简单，吹风时产生的是紊流，属于主动散热，吹出来的空气直接接触人体皮肤，就像我们在夏季吹风扇一样，驾乘人员可以直接感受到通风的存在，清凉效果更直接。吹风的方式在中低端车型上应用得比较多，后期改装的座椅通风绝大多数也是吹风的方式。

图 2-2-2　吹风功能式座椅

四、吸风功能式座椅

吸风功能式座椅（图 2-2-3）将空气从座椅的表面吸入，从座椅的下面排出去。这种通风方式结构更复杂一些，吸风时产生的是层流，属于被动散热，风压小但气流稳定，散热功能较好。吸风时空气从驾乘人员的皮肤表面流过，带走热量与汗液，驾乘人员能感受到凉爽，但是并没有被风吹的感觉。这种通风方式风量更柔和，驾乘人员感受更好，但是刚刚坐上去时效果不明显，运行一段时间后，车内整体温度降低了，感受才更好一些。吸风的方式在中高端车型上应用得比较多，它的结构更复杂，成本也更高。

图 2-2-3 吸风功能式座椅

任务实施

实训准备

1. 实训人员必须穿戴相应的防护用品（工作服、口罩、防护手套、护目镜等）。

2. 开展实训作业之前对汽车外观做好必要的防护（发动机舱盖、翼子板、车门等），以免操作过程中划伤车漆。

3. 严格按照工艺流程操作。

实训时间

90 分钟

操作步骤

一、拆卸座椅

1）使用撬板拆除座椅螺钉的装饰盖。

2）拆卸座椅螺钉。

3）普通座椅拆卸前，首先断开蓄电池负极，拆卸座椅过程中需拆卸电气插接器和气囊系统等部件。电动座椅拆卸前，要先将座椅前后的螺钉拆除，再进行断电。因为断电后，一些座椅的螺钉将无法拆除，必须移动座椅才能拆除。

4）断开座椅电气插头。

5）拆下座椅安全带装置。

二、拆卸座椅皮套

1）将座椅头枕卡扣用工具撬起，取下座椅头枕。

2）拆卸座椅后面的装饰板。

3）拆卸座椅皮套卡扣，拆卸座椅皮套。

以上步骤一和步骤二可参考任务一的具体操作。

三、座椅通风装置改装

1）根据汽车型号准备好对应的座椅通风加热按摩系统组件，如图 2-2-4 所示。

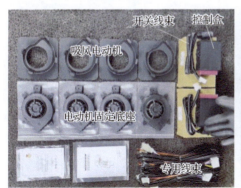
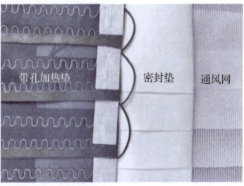

图 2-2-4 座椅通风加热按摩系统组件

2）确定通风孔打孔直径，其中控制开关打孔直径为 20mm，靠背海绵打孔直径为 15mm，如图 2-2-5 所示。

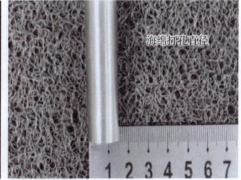

图 2-2-5 开关和海绵打孔直径

3）对座椅坐垫、皮套及靠背海绵打通风孔，均匀排布孔位，孔位及数量视座椅情况而定，图 2-2-6 为确定孔位及数量，图 2-2-7 为打孔完毕示意图。

图 2-2-6 确定孔位及数量　　　图 2-2-7 打孔完毕示意图

4）裁剪后侧海绵覆盖层（图 2-2-8），裁剪尺寸应该比座椅海绵最外侧孔位大 10~20mm。

5）对比尺寸裁剪通风网，固定好通风网的位置并进行粘贴。在准备粘贴通风网的位置处，用海绵切割刀将座椅海绵切割出通风网的厚度并将割下来的海绵取出（图 2-2-9），粘贴通风网使其高度与原海绵平齐（图 2-2-10）。切割前应注意：观察海绵厚度，如海绵太薄则不适合切割，直接粘贴通风网即可。

图 2-2-8 裁剪后侧海绵覆盖层

6）将座椅支架放在座椅海绵上（图 2-2-11），确定好风扇位置并做好标记（图 2-2-12），清除周围的障碍物。确定风扇位置的原则为：确保风扇后部空间足够，避开原车背网主干。

图 2-2-9 切割出通风网的厚度并
将割下来的海绵取出

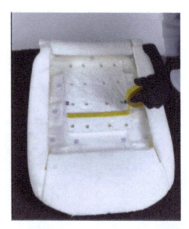

图 2-2-10 粘贴通风网

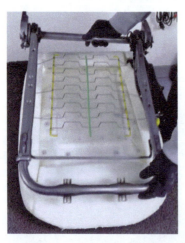

图 2-2-11 座椅支架放在海绵上

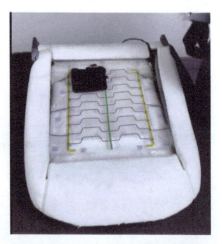

图 2-2-12 确定好风扇位置

7）确定密封垫对应的风扇位置和形状，并在密封垫上开孔，如图 2-2-13 所示。

8）将风扇底座固定，并粘贴密封垫，如图 2-2-14 所示。

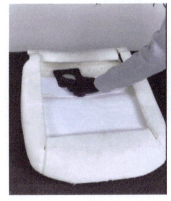

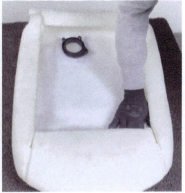

图 2-2-13　确定风扇位置和形状　　　图 2-2-14　固定并粘贴密封垫

⚠ **注意事项：**

　　　　风扇风口不要朝上，密封垫的密封性应保证良好。

9）安装固定风扇，并连接风扇线束，风扇线束中比较长的一根为靠背风扇线束，如图 2-2-15 所示。

10）安装座椅皮套及皮套卡扣，安装护壳，如图 2-2-16 所示。

11）安装通风装置调速开关及座椅插头，安装开关时应注意观察内部空间，如图 2-2-17 所示。

12）转动吸风开关，检验吸风效果，完成操作，如图 2-2-18 所示。

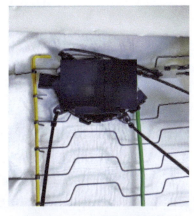

图 2-2-15　安装固定风扇

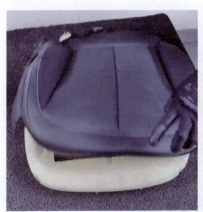

图 2-2-16　安装座椅皮套和护壳　　　图 2-2-17　安装调速开关和插头

图 2-2-18　检验吸风效果

任务三　加装前排座椅加热系统

✏️ 任务导入

　　座椅电加热一般与真皮座椅相结合，通过车载电源以及座椅中的加热装置发热，使驾乘人员在寒冷的冬季仍可拥有温馨、舒适的感觉。座椅加热功能一般在中高档车上配备，对于没有座椅加热功能的汽车，可以通过加装加热系统的方法，实现该功能。

　　前排座椅加热一般出现在选用真皮材料座椅的车辆上，由于真皮座椅表面材料在冬季温度较低，有了前排座椅加热后，可以提高驾乘人员的舒适性。座椅加热的工作原理和电热毯十分类似，对于不具备加热功能的座椅，可以通过加装加热垫的方式，达到上述效果。加热电阻丝本身是柔软的，并且不会占据座椅内部过多的空间，因此不用改变座椅的内部构造，成本也不会太高（图 2-3-1）。

图 2-3-1　加热功能座椅

学习目标

知识目标

1. 了解前排座椅加热的优缺点。

2. 掌握前排座椅加热的功能。

3. 掌握前排座椅加热的原理。

技能目标

1. 能正确说明前排座椅加热的功能。

2. 能正确说明前排座椅加热的原理。

3. 能正确使用工具进行前排座椅加热改装。

素养目标

1. 培养学生一丝不苟、精益求精的工匠精神。

2. 培养学生团结协作、爱岗敬业的敬业态度。

3. 培养学生勇于实践、勇于创新的开拓精神。

4. 培养学生艰苦朴素、任劳任怨的劳动精神。

5. 培养学生安全生产、规范操作的安全意识。

6. 培养学生绿水青山就是金山银山、节能减排的环保意识。

7. 培养学生诚实守信、依法生产的法律观念。

知识链接

一、前排座椅加热的优缺点

1. 前排座椅加热的优点

1）座椅加热一般都是应用在选用真皮座椅的车辆上面，真皮座椅表面材料在寒冷的冬季温度很低，当安装了座椅加热系统之后，乘坐舒适度会提升。同时现在大多数座椅加热，都可以根据具体情况去调节温度。

2）座椅加热主要就是利用座椅里面的电阻丝等进行加热，在短时间内可以慢慢地提升温度。在使用加热座椅的过程中，无需担心安全方面的问题，因为很少会出现短路、老化等情况。

2. 前排座椅加热的缺点

汽车座椅加热是通过座椅内的加热电阻丝对座椅内部进行加热的，热量需要通过传递才可以将座椅温暖，这就需要花费一定的时间，所以当车主驾驶的路程较短时，电加热座椅就不太能够发挥出它的作用。

3. 加热功能座椅使用注意事项

1）座椅加热装置只有在点火开关打开时才能起作用。

2）为了保护座椅加热装置的加热部件，请不要跪在座椅上或对座面和靠背施加点状负载。

3）如果车载电压下降，座椅加热装置将自动关闭，以保证为发动机控制系统提供足够的电能。

4）停车后及时关闭座椅加热或通风，防止下次起动时用电负荷过大。

5）加热座椅不要再加装过厚的坐垫，以防座椅异常过热、低温，会导致故障。

6）在起动发动机后打开座椅加热开关，这样可以有效地节约蓄电池能量，延长蓄电池寿命。

二、加热功能座椅的工作原理和基本结构

座椅加热工作原理是通过将坐垫和靠背热电元件的加热电阻丝缝合在座椅罩内，利用给加热电阻丝通电来进行加热，使座椅在短时间内逐渐升温，让驾乘者在寒冷的天气里也能够感到温暖。另外电加热垫内还设置了控制模块，通过温度传感器监控座椅温度的变化，从而控制加热电阻丝的通电和断电，保持座椅加热的温度处于合适的范围。

加热功能座椅（图2-3-2）的基本结构包括坐垫热电元件、靠背热电元件、坐垫气道、靠背导管、坐垫双风扇和控制模块。

三、座椅加热功能操作

座椅加热功能的操作如图2-3-3所示。

图 2-3-2　加热功能座椅基本结构

图 2-3-3　座椅加热功能操作

1）打开车辆点火开关，起动汽车。

2）按下座椅加热按钮。

3）选择座椅加热温度档位，进行温度调节。

4）根据需要可分别对驾驶人座椅和前排乘员座椅进行调节。

任务实施

实训准备

1．实训人员必须穿戴相应的防护用品（工作服、口罩、防护手套、护目镜等）。

2．开展实训作业之前对汽车外观做好必要的防护（发动机舱盖、翼子板、车门等），以免操作过程中划伤车漆。

3．严格按照工艺流程操作。

实训时间

90分钟

操作步骤

1）关闭点火开关，断开电源，拆下座椅。

2）小心地拆下汽车座椅坐垫和靠背蒙皮，确定汽车座椅加热垫的铺设位置。

3）按照汽车型号准备好对应的座椅通风加热按摩系统中的加热垫等部件，如图2-3-4所示。

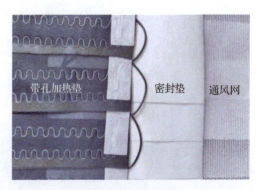

图2-3-4　加热垫

4）将加热垫放置在坐垫和靠背的泡沫上（图2-3-5），以平整为标准，将导线隐藏于泡沫棉内。然后进行裁剪（图2-3-6），裁剪时不能损坏加热电阻丝。

图2-3-5　加热垫放置在坐垫和靠背的泡沫上　　图2-3-6　裁剪加热垫

5）粘贴靠背加热垫，如图 2-3-7 所示。

6）安装座椅皮套及座椅护壳，如图 2-3-8 所示。

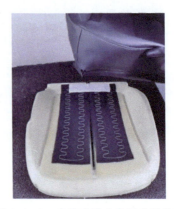

图 2-3-7 粘贴靠背加热垫 　　图 2-3-8 安装座椅皮套及座椅护壳

7）在座椅相应位置开孔，安装控制器。

8）将导线固定在车座下，检查接插件是否连接正常。

9）查找并连接 ACC 电源。

10）将开关旋至加热位置，测试加热效果，如图 2-3-9 所示。

图 2-3-9 测试加热效果

任务四 加装前排座椅车载桌板认知

➡️ 任务导入

车载桌板通常安装于前排座椅后面，用来满足一些商务人员在出行途中的办公需求。车载桌板上面可放置食品、手提电脑等，并可以调节角度，不用时可折叠，不占空间。对于不具备该功能的前排座椅，可以通过加装的方式，满足使用需要。

随着汽车行业的快速发展，车内办公使用电子产品逐渐成为常态，车辆驾驶室正逐渐演变成用户的"移动之家"。我国作为世界主要汽车销售国，内饰需求量大，折叠桌板是内饰之一，其实用性和美观性也越来越受到人们的关注。通过在前排座椅后部加装桌板，为乘员提供就餐、工作以及娱乐的平台，提升车辆的舒适性。

✏️ 学习目标

知识目标

1. 了解车载桌板市场现状。
2. 掌握车载桌板的作用。
3. 掌握前排座椅车载桌板的安装方法。

技能目标

1. 能正确说明车载桌板市场现状。
2. 能正确说明车载桌板的作用。
3. 能正确说出使用工具进行前排座椅车载桌板安装的步骤。

素养目标

1. 培养学生一丝不苟、精益求精的工匠精神。
2. 培养学生团结协作、爱岗敬业的敬业态度。
3. 培养学生勇于实践、勇于创新的开拓精神。
4. 培养学生艰苦朴素、任劳任怨的劳动精神。
5. 培养学生诚实守信、依法生产的法律观念。

知识链接

一、车载桌板的作用

前排座椅车载桌板（图 2-4-1）作为汽车舒适性配置之一，主要为乘员在旅途中提供学习、办公、就餐、娱乐等功能。其主要作用如下：

1）对于商务人士，可利用车载桌板进行办公，有效利用时间，如图 2-4-2 所示。

2）实现车内书写，比如商务人员可以进行会议记录，而学生可以在车内完成作业，如图 2-4-3 所示。

3）放置影音设备，进行娱乐。

4）放置食品，解放双手，实现车内就餐。

图 2-4-1　前排座椅车载桌板

图 2-4-2　车载桌板办公

图 2-4-3　书写或完成作业

二、车载桌板市场现状

目前市面上常见的车载桌板为以下几种。

1）挂钩式可折叠车载桌板（图 2-4-4）。

2）绑带固定式可折叠车载桌板（图 2-4-5）。

3）一体式可折叠车载桌板（图 2-4-6）。

图 2-4-4　挂钩式可折叠车载桌板　　　图 2-4-5　绑带固定式可折叠车载桌板

图 2-4-6　一体式可折叠车载桌板

任务实施

一、在实训室里进行实训准备

1. 实训人员必须穿戴相应的防护用品（工作服、口罩、防护手套、护目镜等）。

2. 开展实训作业之前对汽车外观做好必要的防护（发动机舱盖、翼子板、车门等），以免操作过程中划伤车漆。

3. 严格按照工艺流程操作。

二、在互联网上查询相关视频，更好地理解加装前排桌椅车载桌板的操作步骤并记录

1）根据汽车型号，准备好车载小桌板（带延长线）。

2）将点烟器和车载小桌板延长线连接起来，红色接红线，黑色接黑线，用绝缘胶带包覆，并检查是否通电。

3）将小桌板放到座椅后背上，上下左右移动找到合适的位置，并用记号笔在小桌板的四个螺钉孔位置做好标记。

4）安装钢板。

5）如果不想切割原座椅皮套，只要能摸准座椅骨架，就可以采用不切割座椅皮套的方法安装。具体步骤如下：

①用手在座椅皮套外部触摸，确定座椅骨架的位置。

②将钢板放到骨架位置，对准钢板上的四个孔。

③用电动扳手依次将 4 个自攻螺钉分 2~3 次旋紧，将钢板安装到骨架上。

6）如果在座椅皮套外部不能准确地确定座椅骨架的位置，就需要切割座椅皮套进行安装。具体步骤如下：

①沿着座椅走线用切割刀割开左右两侧座椅皮套连线，割口揭开后应可以清楚地看到

座椅骨架。

②将钢板塞入到座椅皮套的背后。

③对好四个螺钉孔位置。

④用电动扳手依次将4个自攻螺钉分2~3次旋紧，将钢板安装到骨架上。

7）将从点烟器引过来的延长线隐蔽地在车身上布置好，从座椅的底部引到座椅靠背里面，连接好小桌板连线。

8）安装小桌板，将小桌板居中对齐，安装螺钉，一般先固定上面的两个螺钉，再固定下面的两个螺钉。

9）展示安装效果。

任务五　汽车座椅真皮包覆认知

任务导入

座椅包覆真皮后，相比于织布座椅，整体看上去更加美观、大气，观感性更强，并且座椅的柔软性会有所增加，乘坐更加舒适，座椅细节纹路更有质感。遇到灰尘水渍也非常好打理，使用纸巾或抹布轻轻擦拭即可，座椅颜色可以按照喜好搭配，可以拼色包覆也可以纯色包覆，整车座椅颜色统一为最佳。

真皮座椅是由天然动物皮制成的材质包裹而成，常见的牛皮材质座椅居多，然而牛皮需要经过一系列的物理和化学处理等工序才能真正被用在汽车座椅上，所以成本通常较高，一般只有高档车和豪车上才有。真皮座椅的优点是显而易见的，一方面是看起来比较高档，内饰美观度上升，另一方面，灰尘只能落在真皮座椅表面，不会深入到座椅深层，因此比较好清理。对于原车不是真皮座椅的情况，我们可以通过对座椅进行真皮包覆来达到效果。

学习目标

知识目标

1. 了解汽车座椅常见材质。

2. 掌握汽车座椅皮质类型。

3. 掌握前排座椅真皮包覆方法。

技能目标

1. 能正确说明汽车座椅常见材质。

2. 能正确说明汽车座椅皮质类型。

3. 能正确理解使用工具进行前排座椅真皮包覆的过程。

素养目标

1. 培养学生一丝不苟、精益求精的工匠精神。
2. 培养学生团结协作、爱岗敬业的敬业态度。
3. 培养学生勇于实践、勇于创新的开拓精神。
4. 培养学生艰苦朴素、任劳任怨的劳动精神。

知识链接

一、汽车座椅材质

汽车座椅按材质分为织物座椅、仿皮座椅、真皮座椅。

1. 织物座椅

织物座椅（图 2-5-1）是由化学纤维物质为主要材料制作的座椅。织物座椅是性价比最高的，虽然不显档次，但是很实用。

（1）织物座椅优势　首先是大部分织物都价格低廉，符合成本效益，这也是低配车型用织物面料的最大原因。

其次织物座椅透气性好，夏天不会太热、冬天也不会太冷。织物的结构比较疏，有很好的通风透气特性，其材料特性也不容易和环境、气温同化，对比之下大有冬暖夏凉的优势。

图 2-5-1　织物座椅

最后是耐用，相对于皮质，织物有很好的耐磨性，破损以及老化的速度较慢，出现小破损要修复起来也比较方便。

（2）织物座椅缺点　织物座椅看上去没那么高档，整体看上去没有皮质座椅那么整洁有光泽。

再者就是相比之下难打理，皮质表面光滑，不会吸附尘土，但织物就容易吸附灰尘、污渍，清洁起来相当麻烦，需用专业清洗剂或蒸汽清洗，保养不当容易滋生细菌。

2. 仿皮座椅

并不是所有的皮质座椅都使用了真正的天然皮革，有很大一部分使用的都是人造皮革，也就是仿皮座椅。目前，常见的仿皮座椅有 PVC（聚氯乙烯）和 PU（聚氨酯）等类型（图 2-5-2）。PU 仿皮是一种超细纤维合成革，更接近真皮，这种材质是在超细纤维织物表面涂上 PU，超细纤维用特殊的方法编织从而模仿动物皮革表层下的胶原纤维结构。

（1）仿皮座椅优点　仿皮座椅外观比较好看，有光泽，手感光滑，有高档的外观效果。仿皮座椅容易打理，有灰尘或污渍可通过湿布进行擦拭，保养比较简单。

（2）仿皮座椅缺点　仿皮座椅透气性不好，夏天暴晒后散热速度慢，冬季的触感会比较凉。其次是不耐用，和真皮不同，仿皮的韧性比较差，所以也更容易出现开裂等现象，特别是经常要皱褶的地方。另外，仿皮

图 2-5-2　仿皮座椅

老化速度较快，特别是长期户外停车的，经常日晒，仿皮老化加剧，会出现发硬继而掉皮的现象。

3. 真皮座椅

汽车座椅上的真皮大多都取自牛皮，且加工的过程比较复杂，这也是真皮座椅成本相对较高的原因。如今市面上很多真皮座椅仅从观感来看与仿皮座椅并无明显差别，但仔细对比之后会发现真皮座椅的触感会更加细腻、柔软（图 2-5-3）。

（1）真皮座椅的优点　一是真皮座椅具有高贵的品质、精美的造型、多彩的色调，可提高汽车配备档次；二是让汽车能够在视

图 2-5-3　真皮座椅

觉上、触觉上，甚至在嗅觉上都有一个好的感觉，给汽车增光添彩；三是真皮结实耐磨，使用寿命长；四是真皮座椅散热性比绒布座椅要好，在炎热的夏日，真皮座椅只会表面较热，轻拍几下，热气会很快消散，而不像绒布座椅那么吸热；五是真皮座椅不像绒布座椅那么容易藏污纳垢，灰尘顶多只是落在座椅的表面，不会堆积在座椅的较深处而不易清理，即使真皮沾上污垢，只要喷上真皮清洗剂，然后用干净的布一擦即可。

（2）真皮座椅的缺点　真皮座椅的缺点是易刮伤、易老化、易滑、造价高。

（3）真皮的种类　真皮是天然的、头层的皮革，经过剖层处理的二层皮等不能称为真皮。天然皮革是指各种动物皮革。皮是指未经加工鞣制的各种动物皮，革是指经加工鞣制的各种动物皮。天然皮革主要有黄牛皮革、水牛皮革、猪皮革、羊皮革、马皮革等。这些皮革中唯有牛皮可做成汽车座椅。牛皮可进行多层分割（最多可分为八层），最外层的为头层皮，质量最好，次之为二层皮，其强度、弹性和透气性都不如头层皮。

牛皮按等级不同可分为 A 级皮、B 级皮、C 级皮。A 级皮为黄牛皮革的头层皮，是所有汽车真皮座椅中最为常见的材料，表面细腻、手感柔软，几乎看不到毛孔，质地结实又

非常具有韧性，因而加工出的座椅极为美观；B级皮为水牛皮革的头层皮，同黄牛皮革相比其优势是结实耐磨，缺点是不够柔软、手感差、韧性差、表面粗糙、毛孔清晰，加工出的座椅同黄牛皮革相比外观稍差；C级为黄牛皮革或水牛皮革的二层皮。

（4）真皮座椅辨别

1）看。好皮皮面光滑，皮纹细致，色泽光亮，有细小的毛孔。

2）摸。好皮手感质地柔软、滑爽有弹性，若皮面颗粒多、板硬或发黏则均为下品。

3）烧。合成皮虽然也是皮，但在加工过程中，会添加一些胶类化学物质，烧后会有一些焦状物，真皮则没有。

4）擦。用潮湿的布在皮面上来回擦拭几次，若有脱色现象，则说明质量不过关。

5）拉。两手捏住皮子向两边拉，真皮拉后不会变形，假皮则不然。

二、汽车座椅真皮包覆

汽车座椅真皮包覆，是指为出厂没有配备真皮座椅的车型制作真皮座套并安装。

座椅真皮包覆优点如下。

（1）容易清洁　相对于织物座椅来说，灰尘只要落在真皮座椅表面，用布擦拭基本上就可以完成清洁工作。

（2）散热性好　夏季高温的车内，真皮座椅坐上去一段时间就不会感觉那么烫了，而织物座椅则需要很长的散热时间。

（3）不易燃烧　当烟灰落到织物座椅上，轻则会留下痕迹，重则烧出一个洞。真皮材质在耐高温性能上比织物优异很多。

（4）档次感高　一套真皮座椅，确实也对提升车辆档次有很大的烘托作用。

任务实施

一、在实训室进行实训准备

1. 实训人员必须穿戴相应的防护用品（工作服、口罩、防护手套、护目镜等）。

2. 开展实训作业之前对汽车外观做好必要的防护（发动机舱盖、翼子板、车门等），以免操作过程中划伤车漆。

3. 严格按照工艺流程操作。

二、在互联网上查询真皮座椅包覆的操作视频，对以下步骤正确理解，并记录操作步骤

1. 拆卸座椅

1）在拆卸座椅之前要先对车辆做好必要的防护措施，以免损伤车辆。

2）断开汽车电源。

3）拆前排座椅时，为了方便拆卸，可相应调整座椅位置。

4）拆卸固定螺栓，撬开螺钉盖板，拧出螺钉。

5）确定相应螺栓与卡扣的位置并使用专业工具进行拆卸。

6）拆卸下来的内饰件要做好防护，并用箱子或架子集中分类放置。

7）前排座椅带有电动开关的，拆卸之前要先拔掉接线。

8）完成拆卸，搬出前排座椅。

2. 原车座椅表面材料拆卸

1）断开座椅下方线束插头。

2）断开两个弹性拉紧固定皮筋。

3）拆除线束固定卡扣。

4）拆下座椅靠背的左右连接线束。

5）拆除织物固定卡扣。

6）逐次顺序拆除坐垫的织物和坐垫的挂钩。

7）逐次顺序拆除靠背和靠背垫的挂钩。

3. 真皮面料包覆

1）选择合适的座椅款式及真皮材质。

2）以原车座椅为基础进行真皮打版裁剪。

3）在裁剪好的真皮块内填充海绵，保障座椅的舒适性，以及整体的协调性。全部的海绵填充完之后，进行缝纫固定。

4）安装头枕。

5）将包好的真皮座椅利用热吹风在高温下对皮料进行加热吹蓬松，使褶皱得到最大的修复；进一步完善和修整，可使座椅达到完美。

4. 将真皮包覆完成的座椅装回车内

1）把包覆好的座椅安装到车内，做好车内清洁。

2）恢复座椅等电气插头连接，并通电检查电器工作情况是否正常。

商务车中后排座椅改装

➡ 项目导入

对于一款商务车来说，乘坐的舒适度是非常受到重视的，而对于后排座位的乘坐舒适度要求则更高。通过在中排安装两个航空座椅和在后排安装沙发床，可以提供文娱就餐条件，完成车上工作和休息功能，这种改装越来越受到消费者的欢迎。

商务车改装项目主要就是针对中后排座椅的改装，座椅的造型、舒适程度、功能是否齐全是衡量一辆商务车改装是否成功的重要方面。在中排加装一款舒适的航空座椅就可以满足乘员对人体该有的功能学的任何要求，让乘坐更加舒适。在后排加装的电动沙发座椅，必要时可以完全放平，形成一张豪华双人大床，为长途出行打造足够宽敞舒适的卧铺。在本项目中，我们将学习如何进行中排航空座椅加装；如何进行后排电动沙发座椅加装。

随着汽车市场蓬勃发展，近年来越来越多的车主选择购买商务车。除了家庭自用，商务车仍然是普遍用于商务接待的首选。因此，很多人在购买商务车后，都会对内饰进行升级改造。在商务车内饰改造中，航空座椅和电动沙发座椅已成为重要的改装项目，可以提高整体内饰档次，提高乘坐舒适性。在本项目中，我们将通过任务描述，阐述商务车中后排座椅改装的要求，进而进行任务分析，引领学生分步骤完成任务点。本项目讲解了针对商务车中后排座椅改装的相关知识，帮助学生拓展思维，并通过任务实施，将理论融于实践，通过知识链接，完成课后能力提升，温故而知新。

任务一　加装中排航空座椅

✏ 任务导入

在商务车内饰改造中，在中排加装航空座椅已成为重要的改装项目之一。商务车中排普通座椅的功能较单一，乘坐舒适性较差。加装的航空座椅一般具备前后移动、角度调节、椅背放平、脚托调节功能，使乘坐更加舒适。另外，加装后的座椅真皮处置更透气，座椅通风可提供更温馨的乘坐感触。通过对原车座椅进行拆卸，加装航空座椅可满足乘员更高的需求。

航空座椅因其安全美观，在商务车改装中颇受欢迎。改装过程中，需进行原车座椅、原车座椅滑轨拆卸，以及航空座椅线支架、扶手箱、座椅安装。

学习目标

知识目标

1. 掌握中排座椅的拆卸方法。
2. 了解航空座椅的功能及优点。
3. 掌握航空座椅的改装方法。

技能目标

1. 能正确进行中排座椅的拆卸。
2. 能正确说明航空座椅的功能及优点。
3. 能正确对航空座椅进行改装。

素养目标

1. 培养学生一丝不苟、精益求精的工匠精神。
2. 培养学生团结协作、爱岗敬业的敬业态度。
3. 培养学生勇于实践、勇于创新的开拓精神。
4. 培养学生艰苦朴素、任劳任怨的劳动精神。
5. 培养学生安全生产、规范操作的安全意识。

知识链接

一、商务车中排座椅

商务 MPV 车型以中排乘客为中心，着力打造中排体验。而且各大品牌在推出 MPV 车型时，中排座椅都会下大功夫打造，并且将中排作为卖点来突出。

1. 中排座椅布置形式

商务车座椅布局主要有两种形式，采用 2+2+3 座椅布置形式和 2+3+2 座椅布置形式。两种座椅布局最大的不同在于中排，其侧重的功能也有所不同。

（1）2+2+3 的座椅布置形式（图 3-1-1）"2+2+3" 的 7 座 MPV 以舒适性为主，偏向乘坐，其中排采用 2 座式中排座椅（图 3-1-1）。"2+2+3" 座椅是 7 座 MPV 车型中的主流。这其中不仅有主打低端市场的宝骏 730，也有商务用车的典范别克 GL8，甚至就连流行的 "保姆车" 埃尔法等也是采用这种座椅布局。可以看出，无论价格贵贱或者定位高低，这些车最大优势就在于中排独立座椅，宽大舒适的座椅尤其适合长时间乘坐，既可以用于商务接待，也可以方便老人小孩乘坐。

以素有 "陆上公务舱" 美誉的别克 GL8 为例，它的中排座椅堪称贵宾级奢侈享受。不仅拥有较好的支撑度和包裹性，新款 GL8 还为中排座椅配备电动腿托，具备座椅加热、通风等功能，甚至还能按摩。最贴心之处在于，别克 GL8 的座椅几乎可以放平，让中排座椅成为移动休息空间。

图 3-1-1　2 座式中排座椅

但"2+2+3"这种座椅布置形式的缺点也很明显，就是会导致汽车只适合平稳行驶，不适于激烈驾驶。主要原因在于，为了给中排独立座椅留出足够的空间，采用"2+2+3"座椅布局的 MPV 后排座椅就得相对靠后，导致车身加大加长的同时，整体车身更为臃肿，同时重心向后偏移，如果在高速行驶时转弯，很容易出现失控的风险。好在如今的 MPV 车型开始普及 ESP 车身稳定系统等安全配置，这种风险大大降低，但是先天性的设计缺陷也是不能忽视的。

（2）2+3+2 座椅布置形式（图 3-1-2）"2+3+2" 7 座 MPV 以运动型为主，偏向装载。相对于拥有独立座椅这种主流 MPV 座椅布局形式，传统的 "2+3+2" MPV 还是偏向小众。但是这种座椅布局有着其不可替代性，所以依然在 MPV 市场中有着一席之地。五菱宏光 V、雪铁龙 C4 PICASSO 等 MPV 都是采用这种座椅布局形式。其优势在于装载能力强，座椅布局方便拉重货物、动力强劲。

图 3-1-2　2+3+2 座椅布置形式

对于 "2+3+2" 7 座 MPV，虽然缺少独立座椅，但是这种偏向于传统的座椅布局，在装载大件物品时可以轻松放倒中排和后排座椅，可以获得更多的装载空间。而主流的 MPV

中排独立座椅不能折叠，这就导致在运送大件物品时，装载能力将明显不如"2+3+2"这种传统座椅布局的 MPV 车型。不能折叠、不易拆卸的中排独立座椅将浪费 MPV 巨大的空间优势，在运载物品时表现欠佳。所以很多低端 MPV 如长安欧诺、五菱宏光 V 等都采用"2+3+2"这种传统的座椅布局，就是为了放倒或者拆卸后两排座椅后能装载更多的货物。

另外，没有独立座椅的"2+3+2"MPV，因为后排仅有 2 个座椅，所以在设计时车尾造型方面可以收紧，打造出更为流畅的 MPV 线条。如果再搭载上澎湃的动力，就可以获得相对于"2+2+3"主流 MPV 车型更为强劲的运动性能。尽管同轿车无法相比，但是在保持部分驾驶性能的同时，同样可以获得不错的乘坐空间，这就是"2+3+2"MPV 的优势所在，也是很多欧洲品牌的中高端 MPV 如大众夏朗、雪铁龙 C4 PICASSO 采用这种座椅布局的原因。

当然，"2+3+2"传统 7 座 MPV 的缺点也很明显，主要表现在乘坐空间方面。一方面，中排乘坐舒适性肯定不如"2+2+3"这种主流 MPV；另一方面，后排往往形同虚设，"2+3+2"传统 7 座 MPV 相当于在普通 5 座车型基础上再增加两个座位，在乘坐和进出时较为困难。

2. 商务车中排座椅配备要素

首先，舒适性一定要极致。因为商务车把可用空间都集中在中排，侧开门的设计让入座更加方便，不产生乘坐压抑感的同时也给了座椅足够的空间。在这一前提下，座椅本身的舒适度就更为重要，要够软、够大、够宽、包裹度和支撑力十足，不仅要照顾到主躯干，还要延伸至头部、颈部、腿部，达到能让人全身放松的效果。

其次配置及功能一定要完备。针对中排从选材开始就要高标准，要配备多功能真皮座椅、独立影音娱乐系统、独立的空调和音响控制，老板专属按键、座椅按摩、升降腿托、座椅通风及加热、专属电源等等。

最后便利安全一定要最佳。预留空间前后都要考虑，最大限度地满足使用及调整的功能。同时，储物空间也需按照人类使用习惯设置，便于重要人物拿取物品。当然直接上下车一定要无阻碍，是最方便的乘坐位置，兼顾安全和便利性。

二、航空座椅

1. 航空座椅功用

航空座椅这个词取自于飞机的头等舱所配备的座椅（图 3-1-3），座椅的特点是完全独立，两侧有扶手和推托，并且座椅可以随时从沙发的造型切换到平躺的状态。航空座椅具有根据人体工程学设计的扶手、头枕、腿托以及腰托，可以有效地缓解驾驶人长时间驾驶带来的疲劳感，提高乘坐舒适感与安全性。高端商务车配备的航空座椅通常有以下功能：

图 3-1-3　商务车航空座椅

（1）**座椅电动前后移动**　采用电动前后移动调节，满足后舱乘客不同场所的上、下车需求，轻松便捷。

（2）**座椅靠背可调整**　根据自身坐姿需求，航空座椅可进行靠背调整，以使中排乘客身体纵情伸展，充分体验乘坐乐趣，缓解旅途疲倦。

（3）**收放自如的腿托**　航空座椅可配备能放平 90°的电动腿托，能依据坐姿调整到乘客所喜欢的最满意角度。

（4）**220V 电源插座和 USB 充电接口**　目前市面上大部分汽车座椅都不支持充电功能，而高端商务车里的航空座椅，在一体式扶手前方配备了隐藏式 220V 车载电源和 USB 插口，驾乘过程中可以给手机、便携式计算机等设备充电。

（5）**通风加热功能**　可根据季节温度变化，对座椅实现通风、加热功能，使乘坐更加舒适。

（6）**按摩功能**　对乘客头部、背部、臀部、腿部等人体与座椅的接触面进行气动按摩，有效舒缓旅途疲倦，振动频率、大小、时长可以借由扶手外侧的旋钮自由调节。

2. 航空座椅优势

航空座椅因其安全美观，在商务车改装中颇受欢迎，其优势有以下几个方面：

（1）**航空座椅的安全性**　安全是航空产品的首要考虑因素。航空座椅和其他航空产品一样，需要达到相应的质量标准，通过规定的检测，取得相应的证书。

（2）**航空座椅的阻燃性**　航空座椅金属骨架不会燃烧，座椅上的其他材料都有很高的阻燃性。

（3）**航空座椅的舒适度**　根据人体工程学原理，人的舒适坐姿是 135°的坐姿，这样可以保持自己脊柱的形状，减少脊柱的压力。由于航空运输的特殊性，航空座椅的乘客可活动范围比较窄，需要长时间以固定的姿势坐着，所以航空座椅的设计要符合人体工程学的要求，乘客才不会感到很累。

（4）**航空座椅功能多样**　航空座椅一般具备智能触屏控制操作系统、无线充电系统、电加热、电动滑轨、多项气动按摩、四角自动拖腿、电动升降头枕、通风散热、USB 插座、三点式安全带等多项功能。

任务实施

实训准备

1. 实训人员必须穿戴相应的防护用品（工作服、口罩、防护手套、护目镜等）。

2. 开展实训作业之前对汽车外观做好必要的防护（发动机舱盖、翼子板、车门等），以免操作过程中划伤车漆。

3. 严格按照工艺流程操作。

实训时间

90 分钟

加装中排
航空座椅

操作步骤

1）用卡扣螺钉旋具拆卸座椅螺钉盖板，如图 3-1-4 所示。

2）用 15 号套筒配合棘轮扳手拆卸座椅螺钉，如图 3-1-5 所示。

图 3-1-4　拆卸座椅螺钉盖板

图 3-1-5　拆卸座椅螺钉

3）将座椅调整到可以取出的方向，将座椅取出（图 3-1-6），注意避免座椅边角划伤内饰和漆面。

4）以 B 柱孔位为基准，用钢直尺沿此位置画一条直线作为基准线，如图 3-1-7 所示。

图 3-1-6　取出座椅

图 3-1-7　画基准线

5）用壁纸刀沿基准线对地毯进行切割，要将地毯割透，如图 3-1-8 所示。

6）将切割下的地毯从车内取出，采用吸尘器将车内清洁干净，如图 3-1-9 所示。

图 3-1-8 切割地毯

图 3-1-9 取出地毯

7）安装座椅固定支架，如图 3-1-10 所示。

8）将车内凸出的螺栓用铁锤打平，以免影响地板平整度，如图 3-1-11 所示。

图 3-1-10 安装座椅固定支架

图 3-1-11 打平螺栓

9）在车内表面铺上长条状止振板，如图 3-1-12 所示。

10）用滚轮将止振板压实，如图 3-1-13 所示。

图 3-1-12 铺设止振板

图 3-1-13 压实止振板

11）在止振板上方位置铺满隔声棉，如图 3-1-14 所示。

12）将线束从地毯下方穿过，如图 3-1-15 所示。

13）将线束从地板中心孔穿出，如图 3-1-16 所示。

14）安装好地板，如图 3-1-17 所示。

图 3-1-14　铺隔声棉

图 3-1-15　从地毯下方穿出线束

图 3-1-16　线束从地板中心孔穿出

图 3-1-17　安装地板

15）将航空座椅抬起，对好孔位进行放置，如图 3-1-18 所示。

16）将提前穿出的线束从航空座椅中心的孔洞穿出，如图 3-1-19 所示。

图 3-1-18　放置座椅

图 3-1-19　从座椅孔洞中引出线束

17）将穿出的线束与航空座椅插头对接，如图 3-1-20 所示。

18）将航空座椅腿托抬起，露出座椅螺栓，如图 3-1-21 所示。

图 3-1-20　连接线束插头

图 3-1-21　抬起腿托

19）用 13 号扳手将座椅螺栓拧紧，安装完成，如图 3-1-22 所示。

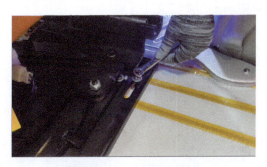

图 3-1-22　安装座椅螺栓

任务二　加装后排电动沙发床

✏️ 任务导入

在商务车内饰改造中，在后排加装电动沙发床已成为重要的改装项目之一。商务车后排普通座椅的功能较单一，乘坐舒适性较差。通过在后排进行电动沙发座椅改装，可使空间更大更舒适，需要时可一键放平为一张沙发床，商务出行时可稍作休息，减轻驾乘者的疲劳感。

后排电动沙发床改装，需将原车后排座椅拆除，加装沙发床固定支架，对正位置后进行线束及沙发床安装。

✏️ 学习目标

知识目标

1. 掌握后排电动沙发床的性能及功用。
2. 掌握后排电动沙发床的改装方法。

技能目标

1. 能正确进行后排座椅的拆卸。
2. 能正确说明后排电动沙发床的性能及功用。
3. 能正确对后排电动沙发床进行改装。

素养目标

1. 培养学生一丝不苟、精益求精的工匠精神。
2. 培养学生团结协作、爱岗敬业的敬业态度。

3. 培养学生勇于实践、勇于创新的开拓精神。

4. 培养学生艰苦朴素、任劳任怨的劳动精神。

5. 培养学生安全生产、规范操作的安全意识。

6. 培养学生绿水青山就是金山银山、节能减排的环保意识。

7. 培养学生诚实守信、依法生产的法律观念。

知识链接

一、汽车电动沙发床

汽车电动沙发床（图 3-2-1）一般用于商务车后排座椅，可通过电动调节，180°放平后形成可平躺的沙发床，方便乘车人员休息，缓解旅途中的疲劳。

图 3-2-1　汽车电动沙发床

二、汽车电动沙发床功能

商务车后排电动沙发床一般为三座椅式设计，中间位置为隐藏式功能型中扶手，带有控制总屏。电动沙发床主要功能有：电动靠背角度调节、前后移动调节、一键平躺等。

1. 座椅电动靠背角度调节

高端商务车一般在中间位置配备有隐藏式功能型中扶手，可通过扶手上的触控装置（图 3-2-2）对座椅靠背角度进行调节。

2. 座椅前后移动

后排座椅下方设置有导轨，可通过操控座椅前后移动控制按钮调整后排座椅前后位置（图 3-2-3），调节汽车后部空间，提高空间利用率。

图 3-2-2　后排座椅触控装置

图 3-2-3　后排座椅前后调节

3. 座椅一键放平

操控一键放平按钮，可实现后排座椅180°放平，形成双人沙发床，如图3-2-4所示。

三、电动沙发床的优点和缺点

1. 优点

电动沙发床舒适性高，高端的电动沙发床通常具有电动前后调节、电动靠背角度调节、

图3-2-4 一键放平状态

电动腿托、智能按摩、座椅加热、座椅通风等功能。特别是座椅180°电动翻平后，可变成一个宽大的沙发床，在长途出行的时候非常实用，可以很好地减轻驾乘者的疲劳感。

2. 缺点

电动沙发床价格较高，在成本方面处于劣势。汽车后排座椅在进行电动沙发床改装后，会影响到行李舱的空间，造成行李舱空间变小。

任务实施

实训准备

1. 实训人员必须穿戴相应的防护用品（工作服、口罩、防护手套、护目镜等）。

2. 开展实训作业之前对汽车外观做好必要的防护（发动机舱盖、翼子板、车门等），以免操作过程中划伤车漆。

3. 严格按照工艺流程操作。

实训时间

90分钟

操作步骤

1）拆下后排座椅卡扣，将座椅从车内取出，如图3-2-5所示。

2）切割地毯（图3-2-6）。利用钢直尺，在地毯需切割位置划线并进行切割。

后排座椅用卡扣固定。拆除卡扣。拆卸后排座椅

图3-2-5 取下座椅

在左右B柱中间位置划线进行分割

图3-2-6 切割地毯

3）将地毯从车内取出，如图 3-2-7 所示。

4）在底板上预埋好后排沙发床支架螺母，如图 3-2-8 所示。

图 3-2-7　取出地毯　　　　　　　　　图 3-2-8　预埋沙发床支架螺母

5）安装沙发床固定支架，如图 3-2-9 所示。

6）将条形止振板贴到汽车底板上，如图 3-2-10 所示。

图 3-2-9　安装沙发床固定支架　　　　图 3-2-10　贴止振板

7）在止振板上贴上隔声棉，布满整个表面，如图 3-2-11 所示。

8）将需要走的线束沿着车内地毯的低点分布，如图 3-2-12 所示。不能沿着高点走，如果线沿着高点走，在地板安装后会挤到线，时间长了会造成接触不良的情况。

图 3-2-11　贴隔声棉　　　　　　　　　图 3-2-12　线束走线

9）将地板放入车内，并将线束从地板线束孔内穿过，如图 3-2-13 所示。

10）将地板压实，如图 3-2-14 所示。

图 3-2-13 放入地板

图 3-2-14 压实地板

11）将沙发床抬进车内，并对正孔位，如图 3-2-15 所示。

12）将提前布好的线束与沙发床插头进行连接，如图 3-2-16 所示。

图 3-2-15 沙发床对正孔位

图 3-2-16 连接沙发床线束

13）将沙发床往前调节，露出需要固定螺钉的位置（图 3-2-17）。

14）将沙发床所有螺钉用套筒配合棘轮扳手拧紧，固定沙发床，如图 3-2-18 所示。

图 3-2-17 调节沙发床位置

图 3-2-18 固定沙发床

15）进行沙发床安装测试（图 3-2-19），安装完成。

图 3-2-19 沙发床安装测试

汽车底板改装

📌 项目导入

汽车底板改装常见的项目有：实木和印花地板加装、迎宾踏板和休闲踏板加装、扶手冰箱加装以及 360 软包脚垫加装等。随着汽车保有量和消费水平的提高，越来越多的车主对汽车的要求从过去的以实用为主转变为今日的追逐潮流和档次。

汽车底板改装是提升内饰豪华度、提高档次的重要手段之一，它给车主带来的并非华而不实，而是锦上添花，而且是一种全新的生活体验，展现了一种汽车文化和生活态度。随着汽车改装的高速发展，市场上的改装产品的品种和规格多种多样，以至于呈现的改装效果也天差地别。在本项目中，我们将学习如何正确选装底板改装项目；如何进行汽车实木和印花地板升级；如何进行汽车迎宾踏板和休闲踏板升级；如何加装扶手冰箱；如何进行 360 软包脚垫加装升级。

随着汽车市场蓬勃发展，汽车的产销量和保有量不断提高，汽车后服务市场也随之发展起来，车主对汽车不仅有功能性要求的提升，对汽车内饰的要求也日趋个性化。在本项目中，我们将通过任务描述，阐述汽车底板改装的要求，并进行任务分析，引领学生分步骤完成任务点。本项目讲解了针对汽车底板升级改装的相关知识，帮助学生拓展思维，并通过任务实施，将理论融于实践，通过知识链接，完成课后提升，温故而知新。

任务一　加装实木和印花地板

✏️ 任务导入

商务车改装大流行的趋势日益强盛，各种产品的演化也层出不穷。任何的产品当然会有它的存在价值，就商务车改装木地板而言，最近行业衍生出了两大发展方向。一是从游艇工业传承过来的游艇工艺柚木地板，二是各大改装厂推荐的印花地板（镜面地板）。通过对实木以及印花地板材质的认识，按照标准施工工艺对车辆地板进行加装，进而提升汽车底板整体舒适度及美观性。

实木和印花地板种类繁多，市场鱼龙混杂。不同材质的实木和印花地板，价格相差悬殊。如何鉴别地板质量，如何根据用车场景和个人习惯选择适合自己爱车的地板，如何按照标准操作流程进行改装是我们要解决的问题。

学习目标

知识目标

1. 了解实木地板及材质。

2. 了解印花地板及材质。

3. 掌握实木地板安装方法。

4. 掌握印花地板安装方法。

技能目标

1. 能鉴别实木地板材质及质量好坏。

2. 能鉴别印花地板材质及质量好坏。

3. 能正确运用专业工具安装汽车实木地板。

4. 能正确运用专业工具安装汽车印花地板。

素养目标

1. 培养学生一丝不苟、精益求精的工匠精神。

2. 培养学生勇于实践、勇于创新的开拓精神。

3. 培养学生艰苦朴素、任劳任怨的劳动精神。

4. 培养学生安全生产、规范操作的安全意识。

5. 培养学生绿水青山就是金山银山、节能减排的环保意识。

6. 培养学生诚实守信、依法生产的法律观念。

知识链接

一、实木地板

实木地板的样式和纹路相对比较单调，装饰效果不显新也不显旧（图4-1-1），而且防水性和防划性相对差点，但是使用寿命较长，价格也比较便宜。游艇工艺柚木地板，这个自然是由游艇工业里传承过来的。尽管游艇经历了几百年的工业演变，但游艇甲板却是"百年不变"，因为一直以来只有一种木材"缅甸柚木"，经得起游艇日晒海水淋的恶劣环境要求。这已经是形成了产业标准的。

图4-1-1 实木地板装饰效果

当然，柚木地板经过传承引进到商务车改装后，因为没有标准，自然各个厂家会想尽办法去迎合不同的市场需求，从而做出改变及成本压缩。

1. 实木地板材质

目前市面上的产品，决定价格的主要因素是材质、工艺、设计。材质又主要根据木头的结构和种类决定，比如常见的 4 大类，由低端到高端依次为实木薄片、多层实木、原木、缅甸柚木。

图 4-1-2　实木薄片地板

（1）实木薄片　实木薄片地板（图 4-1-2）主流采用 4mm 的实木薄片（图 4-1-3）+复合一层 PVC（或杂木薄板）组合成一张 10mm 左右厚度的板材，切割成形，中间塞上 PVC 黑胶体模拟黑线。

实木薄片地板的优点为：便宜，软连接，可做小幅度角度弯曲，易于安装。

实木薄片地板的缺点为：

①结构有严重缺陷，导致板条之间没有结构力，容易单片地板起翘或脱落。

②胶条与板条之间连接松软，容易藏泥，不易清洁。

③使用了大量胶水和 PVC 材料，造成一定的甲醛释放，影响健康。

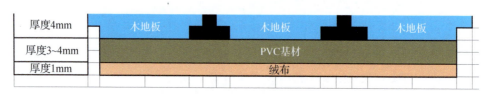

图 4-1-3　4mm 薄片结构

（2）多层实木（夹板，三合板，复合板等）　多层实木地板（图 4-1-4）一般由桉木、松木等基材薄片经过高温，胶合而成。在这种材料的基础上，再通过复合一张用作表面的"漂亮"木皮，就成了漂亮的木地板了。这种材质的木地板，主要性能区别在于表面的材料以及油漆技术。目前市面上主要采用 2 种表面材料。

①贴木皮：采用天然木皮，厚度是 0.6~2mm 不等，做出来的木地板纹路符合天然特性，不重复，不呆滞。

②贴纸（三聚氰胺）：采用合成的三聚氰胺纸，通过一定的技术，印上木材花纹，贴在基材上面，做出来的木地板纹路呆滞、重复。

（3）原木　包括市面上出现的南美柚木、非洲柚木、太平洋柚木等。其中南美柚木是认知度最高的。这种木材性能和缅甸柚木相似，纹路也有点类似，材料单价在木材市场也是中端价格。

（4）缅甸柚木（图 4-1-5）　正宗游艇木，是游艇甲板唯一使用木种，有万木之王称号。缅甸柚木俗名胭脂木、血树、麻栗、泰柚，为双子叶植物纲唇形亚纲唇形目唇形科植物。柚木是热带树种，其生长要求较高的温度，垂直分布多见于海拔高 700～800 m 以下的低山丘陵和平原。柚木在日晒雨淋干湿变化较大的情况下不翘不裂；耐水、耐火性强；能抗白蚁和不同地域的害虫蛀食，极耐腐蚀。干燥性能好，胶粘、油漆、上蜡性能好，木材硬度相对不大，加工时切削不难，但因含硅油易钝刀。

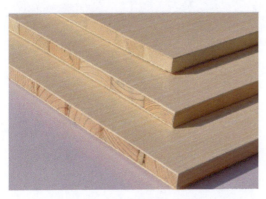

图 4-1-4　多层实木地板

图 4-1-5　缅甸柚木

2. 使用实木地板优势

1）整体感官好、有档次感。通常来说，木地板整体颜色会比脚垫更为明亮，整体造型也更为平整，加上自然木纹点缀，从观感角度来说，更有档次感，如图 4-1-6 所示。而部分脚垫选材不佳的车型，脚垫在使用一段时间，发黑甚至变形后，观感与木地板相比相差悬殊。

2）日常使用用户体验更佳。由于 MPV 车型第二排座椅在前后挪动时，很容易会将

图 4-1-6　实木地板装饰效果

没固定好的脚垫带偏，老人、小孩以及女士穿高跟鞋上下车时很容易被绊倒。而配备木地板后挪动座椅，木地板并不会被带偏，自然也没有了这样的顾虑。

3）日常打理方面，相比起脚垫的藏污纳垢，木地板在卫生层面则要更容易打理，日常情况下，只需要用湿布轻轻一擦，木地板即可恢复光鲜亮丽。

3. 使用实木地板缺点

1）如果不及时打理，会因为沙粒的摩擦刮花木地板。另外，如果车厢木地板选材不佳，在遇水受潮后很容易发生形变甚至腐烂等情况。

2）安全问题。车祸虽然大家都想避免，但哪怕自己再小心，也有可能被动地发生车辆

碰撞。一旦发生碰撞，安装在车厢内的木地板便成了安全隐患。木地板由于受力发生翻折、翘起，车厢内的乘客很容易受到来自木地板的二次伤害。

二、印花地板

印花地板（图4-1-7）就是通过计算机技术在木板上印出各种花纹，从而制作的一款地板产品。印花地板由于采用计算机打印技术，所以地板的款式比较多样化，只有你想不到的图案，没有做不来的图案，铺装后整体视觉效果很好。

图4-1-7 印花地板

目前，市面上的印花地板材质基本都是密度板或者多层板（三合板）。对于消费者来说，实木（原木）和非实木从来都是市场上长期存在的产品。注重耐用、健康、沉稳的客户一般内心都有自己的价值标准。而对于追求新鲜感的客户，如果选择印花地板，就会从以下两个方面去判断产品的好坏。

（1）产品结构　印花地板都是由密度板或多层板制作而成。密度板（图4-1-8）是成本最低廉的木材基材，由木渣和胶水混合压缩而成，产品的刚性和耐磨度会因为制作的密度不同而参差不齐。怕水和含有甲醛是这个产品的最大缺陷。印花地板沾水即发涨，不处理的话，还会发霉发臭。同时，因为印花地板混合太多胶水，甲醛会严重超标，在汽车如此密封的环境里，对身体的伤害可想而知。

多层板（图4-1-9）是用很多层实木板通过胶水压合而成。使用不同的胶水及胶水用量注定了这个材质有甲醛超标风险。在目前市场对商务车改装木地板没有标准的情况下，采用什么样的基材制作，主要看各个厂家凭良心选择，建议消费者选择一些名牌产品。

图4-1-8 密度板

图4-1-9 多层板

（2）产品耐磨度　印花地板和镜面地板，一般表面都做镜面漆处理，看起来非常高大上，但同时会造成容易刮花等问题。毕竟地板是每天都用来踩的，而不是挂在墙上欣赏的。目前只有油漆保护，地板是经不住沙子的反复摩擦的，所以厂家都会给地板贴一层膜，类似于手机出厂膜，但膜的质量同样参差不齐，贴合技术的不同也会导致膜是否有气泡等问题。

任务实施

实训准备

1. 实训人员必须穿戴相应的防护用品（工作服、口罩、防护手套、护目镜等）。

2. 开展实训作业之前对汽车外观做好必要的防护（发动机舱盖、翼子板、车门等），以免操作过程中划伤车漆。

3. 严格按照工艺流程操作。

实训时间

90 分钟

操作步骤

上接项目 2 加装后排电动沙发床流程 1~8

1）将螺钉拧入四个螺钉孔内，不需要拧到底，拧进三个丝扣即可，如图 4-1-10 所示。

2）将后排地板抬进车内进行位置确认，如图 4-1-11 所示。

图 4-1-10　拧入螺钉

图 4-1-11　位置确定

3）用橡胶锤敲打需安装螺钉的位置，将背面印上印记，方便精准打孔，如图 4-1-12 所示。

4）观察后排地板背面有没有印上螺钉印记，如图 4-1-13。

图 4-1-12　敲打安装螺钉

图 4-1-13　观察螺钉印记

5）将后排地板抬下，然后将原先拧上的四个螺钉拆下来，如图 4-1-14 所示。

6）将地板有印记的地方用记号笔标注，如图 4-1-15 所示。

图 4-1-14　抬下地板

图 4-1-15　记号笔标注

7）用开孔器在地板背面标注的地方打孔，使正面漏出钻头印记即可，如图 4-1-16 所示。不能直接打透，这是因为地板是木制的，如果直接打穿，温度会持续升高，地板表面就会出现烧焦状，影响地板美观。

8）将后排地板翻至正面，将原先没打透的孔打透，如图 4-1-17 所示。

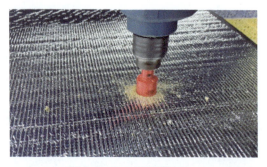

图 4-1-16　开孔器打孔

图 4-1-17　打透孔

9）在车底隔声棉上用卷尺测量出螺钉孔至线束的尺寸，如图 4-1-18 所示。

10）按照测量好的尺寸，在地板上画出需要开孔的位置，如图 4-1-19 所示。

图 4-1-18　测量尺寸

图 4-1-19　画出开孔位置

11）用开孔器开一个线束孔，如图 4-1-20 所示。

12）再次将地板抬到车上，注意不要划伤两侧内饰，如图 4-1-21 所示。

图 4-1-20 开线束孔

图 4-1-21 将地板抬上车

13）将后排沙发床线束从开好的线束孔穿过，如图 4-1-22 所示。

14）按照形状压实后排地板，如图 4-1-23 所示。

图 4-1-22 线束孔穿线

图 4-1-23 压实地板

15）确认开孔位置跟螺钉孔吻合，安装完成效果如图 4-1-24 所示。

图 4-1-24 安装完成

任务二 加装迎宾踏板和休闲踏板

 **任务导入**

汽车迎宾踏板在一些高端车上都有装配，新车有必要装迎宾踏板吗？这是我们很多车友比较纠结的问题。在了解汽车迎宾踏板的特点之后我们就可以做出合理的选择。由于车

内空间的限制，人们处在受限的空间里难免会遇到各种各样的问题，如寻不到最佳位置的脚部，疼痛、发麻长时间伴随等。针对这些问题，越来越多的车主选择了加装休闲踏板来缓解脚部疲劳，使脚部感到舒适。

截至 2022 年年底，全国汽车保有量为 4.17 亿辆。车主在选购车型时更注重车辆的舒适度，特别是汽车进入家庭以后，美观性和舒适度越来越受到消费者的重视。随着社会的发展，经济水平的提高，车主的追求也在不断发生变化。市场瞬息万变，创新需要日新月异。一系列新产品的开发和创新，都围绕提高车主的满意度而展开。迎宾踏板和休闲踏板在提高车辆美观度、保护车漆以及提高舒适度方面有显著作用。迎宾踏板和休闲踏板有何特点、如何按照标准操作流程进行加装是我们要解决的问题。

 ## 学习目标

知识目标

1. 了解迎宾踏板的作用及优缺点。

2. 了解休闲踏板的作用及优缺点。

3. 掌握迎宾踏板安装方法。

4. 掌握休闲踏板安装方法。

技能目标

1. 能鉴别迎宾踏板材质及质量好坏。

2. 能鉴别休闲踏板材质及质量好坏。

3. 能正确运用专业工具安装汽车迎宾踏板。

4. 能正确运用专业工具安装汽车休闲踏板。

素养目标

1. 培养学生一丝不苟、精益求精的工匠精神。

2. 培养学生团结协作、爱岗敬业的敬业态度。

3. 培养学生勇于实践、勇于创新的开拓精神。

4. 培养学生艰苦朴素、任劳任怨的劳动精神。

5. 培养学生安全生产、规范操作的安全意识。

6. 培养学生诚实守信、依法生产的法律观念。

知识链接

一、迎宾踏板

迎宾踏板（图 4-2-1）是一种用于装饰汽车门槛部位，起到保护车体、美化车体作用的汽车配件，属于汽车改装用品里的一种。迎宾踏板主要安装在车门边的防泥的垫板上，4 个车门都有。不同的车型，其迎宾踏板的外形也有所不同。迎宾踏板的材质则以不锈钢材料为主。迎宾踏板的外表光洁亮丽，安装简单，能够起到一定的防撞、防蹭功能，同时也是一种装饰性的元素，简约而不简单；

图 4-2-1 迎宾踏板

与汽车本身完全配套，保护上下车时容易受擦损的门槛，提高内饰的质感；打开车门，见到这样的一块踏板，有种宾至如归的感觉。

1. 迎宾踏板优点

1）装上迎宾踏板最明显的一个优点就是对汽车起到装饰作用，很多迎宾踏板有接通线路，车门一打开就会亮灯，为上车的人营造一种宾至如归的感觉。

2）迎宾踏板可以避免上下车的时候鞋子刮伤汽车门槛，防止汽车的漆面受到破坏。

2. 迎宾踏板缺点

恶劣天气容易脱落。这是因为汽车的迎宾踏板一般都是用胶粘固定的，如果在夏天高温暴晒或者是冬天温度较低的时候汽车迎宾踏板很容易脱落，来回反复操作的话肯定是影响车身的美观度的，对于车身的强度也是一种很大的考验。

二、休闲踏板

1. 休闲踏板的种类

1）驾驶人左脚休闲踏板（图 4-2-2）具有更大的受力面积，且都带有防滑设计，特制的橡胶防滑垫加大了摩擦力，减少了足部的蹬踏力度，让您的左脚完全释放。

2）乘客休闲踏板（图 4-2-3）由两部分构成：铝合金 +PP 塑胶。表面采用铝合金材质，厚度为 2mm，内部加固 4 根加强筋，不易变形，承重能力强，产品实际承重 150kg。整个踏板三个面由不同数量的 PP 塑胶采用凹凸卡槽设计，塑胶高于铝合金表面 1.5mm，可以有效防滑。

图 4-2-2 　驾驶人左脚休闲踏板　　　　　　　　图 4-2-3 　乘客休闲踏板

2. 休闲踏板的优点

在乘车中使用休闲踏板能够有效缓解脚部问题；分别在前排乘员座、两个后座安装休闲踏板之后，时速达到 80km/h，急转弯、制动、变道等情况下，休闲踏板依旧未出现滑动情况，可以大大提高行车的稳定性。

在追求高层次高舒适度的今天，对于乘车中脚部疲劳的缓解，休闲踏板发挥了重要的作用，并凭借其高品质的材质、人性化的外观、便捷的装车、有效的舒适度，获得了消费者的青睐。

任务实施

实训准备

1．实训人员必须穿戴相应的防护用品（工作服、口罩、防护手套、护目镜等）。

2．开展实训作业之前对汽车外观做好必要的防护（发动机舱盖、翼子板、车门等），以免操作过程中划伤车漆。

3．严格按照工艺流程操作。

实训时间

90 分钟（迎宾踏板安装）

1）使用拆卸工具以及撬板拆卸中门阅读灯，并打开中门阅读灯，如图 4-2-4 所示。

2）查看阅读灯背面的 3 根线路，使用电笔分别测量 3 根线路，如图 4-2-5 所示。

3）确定不带电的黑色线路为信号线，白色和灰色线路都带电，如图 4-2-6 所示。

4）锁车或者关闭中门，等待阅读灯延时关闭，可以判断出阅读灯没有供电，如图 4-2-7 所示。

5）预埋好后排沙发床支架螺母，如图 4-2-8 所示。

6）将长条状的止振板贴到汽车底板上，如图 4-2-9 所示。

迎宾踏板取电

图 4-2-4　打开中门阅读灯

图 4-2-5　测量线路

图 4-2-6　线路确定

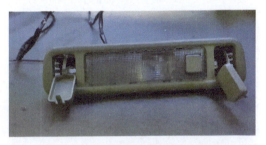

图 4-2-7　判断阅读灯没有供电

图 4-2-8　预埋螺母

图 4-2-9　张贴止振板

7）使用电笔再次测试刚才带电的白色和灰色电源线，如图 4-2-10 所示。经测试不带电的灰色电源线为迎宾踏板的正极，灰色电源线可以做到开门供电、关门延时断电。

8）使用取电器对接灰色电源线（图 4-2-11），线束沿着 B 柱布线至中门门槛迎宾踏板安装位置。

图 4-2-10　再次测量确定电线电极

图 4-2-11　取电器取电

9）安装迎宾踏板支架（图4-2-12），安装过程中支架不可以压到下方线束，踏板支架背面需要贴紧原车门槛条。

10）给迎宾踏板接通电源，查看迎宾踏板是否可以正常工作，如图4-2-13所示。

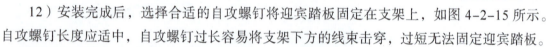

安装迎宾
踏板支架

11）整理线束安装迎宾踏板（图4-2-14），安装过程中不可将线束放置在支架表面，不可挤伤线束。

12）安装完成后，选择合适的自攻螺钉将迎宾踏板固定在支架上，如图4-2-15所示。自攻螺钉长度应适中，自攻螺钉过长容易将支架下方的线束击穿，过短无法固定迎宾踏板。

图4-2-12　安装迎宾踏板支架

图4-2-13　接通电源

图4-2-14　安装迎宾踏板

图4-2-15　固定迎宾踏板

13）调整装饰板的前后左右位置，将装饰板安装至迎宾踏板上，如图4-2-16所示。

14）测试效果，安装完成，如图4-2-17所示。

图4-2-16　安装装饰板

图4-2-17　测试效果

任务三 加装车载冰箱认知

任务导入

原车型没有扶手箱，中控位置空缺，不够美观，整个内部空间显得单调、低档；无扶手箱的车型，可利用的空间少，小物件无处安放；闷热的天气，想喝点冰镇饮料，都没办法马上实现。针对这些问题，越来越多的车主选择加装车载冰箱，既能让内室更加美观，充分利用空间，同时能够提高驾乘人员舒适度。

普通车主在选购车型时往往更注重车辆的舒适度，特别是汽车进入家庭以后，美观性和舒适度越来越受到消费者的重视。车载冰箱既能提高内室美观度，同时又具备储存和提供冷饮等实际功能。

学习目标

知识目标

1. 了解加装车载冰箱的应用场景。
2. 了解车载冰箱的作用和功能。
3. 掌握车载冰箱安装方法。

技能目标

1. 能正确选择适合爱车的车载冰箱。
2. 能正确理解并说出安装车载冰箱的步骤。

素养目标

1. 培养学生一丝不苟、精益求精的工匠精神。
2. 培养学生团结协作、爱岗敬业的敬业态度。
3. 培养学生安全生产、规范操作的安全意识。
4. 培养学生绿水青山就是金山银山、节能减排的环保意识。
5. 培养学生诚实守信、依法生产的法律观念。

知识链接

一、车载冰箱概念

车载冰箱是一种可随车携带的冰箱，将其放置在车内，用于冷藏饮料和食物，为驾乘人员提供旅途饮食便利。车载冰箱不仅具有结构精巧、无噪声、无污染、绿色环保、节能轻便等特点，而且造型精美、色彩绚丽，放在车内既实用又美观。

二、车载冰箱的分类

车载冰箱按制冷原理不同可分为储能式、半导体式和压缩机式三种。

（1）储能式车载冰箱（图4-3-1）储能式车载冰箱是一种利用储能盒在其他处制冷或加热后放入箱内，来保持物品温度的车载冰箱。此种冰箱的优点是不消耗车上的电能，节能环保，使用安全，便于携带，价格低廉；缺点是不能长时间保温，而且空间较小。

图4-3-1　储能式车载冰箱

（2）半导体式车载冰箱（图4-3-2）半导体式车载冰箱是一种以先进半导体技术实现电子制冷和加热的车载冰箱。此种冰箱的优点是既能制冷又能制热，环保、无污染，体积小，成本较低，工作时没有振动、噪声，寿命长。缺点是制冷效率不高，容量小，无法满足多人同时使用的要求。

图4-3-2　半导体式车载冰箱

（3）压缩机式车载冰箱（图4-3-3）压缩机式车载冰箱是一种以压缩机、变频器为依托，利用汽车12V直流电源实现制冷的车载冰箱。此种冰箱的优点是制冷温度低（可达-18℃）、制冷效率高、内部空间大，是未来车载冰箱发展的主流方向。缺点是体积大、重量沉、不易搬运、使用成本高（耗电），且价格较高。压缩机式车载冰箱比较适合于食品携带量大、对制冷效果要求高的人群使用。

车载冰箱的结构形式主要有卧式、立式和扶手式，如图4-3-4所示。

图4-3-3　压缩机式车载冰箱

卧式冰箱

立式冰箱

扶手式冰箱

图4-3-4　按照结构形式分类的车载冰箱

三、车载冰箱结构

车载冰箱（图 4-3-5）主要由冰箱空间、中层储物空间、零钱 / 钥匙放置位、水杯架、下层储物空间、氛围灯、后水杯架 +USB 组成。以一款别克 GL8 改装扶手箱为例：上下两层设计，隐藏抽拉开关方式，双 USB 可充电，双侧氛围灯营造不一样的夜行体验，夜晚照明功能，一体扶手舒适支撑，加装时不需要破线、打孔。

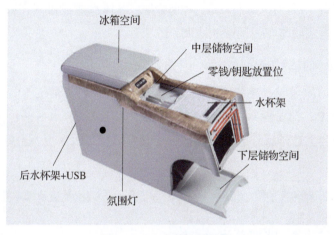

图 4-3-5 车载冰箱结构

图 4-3-5 中的车载扶手冰箱的特点和功能如下。

1）美观大方：扶手箱能合理规则使用空间，安装后提升档次，彰显尊贵身份。

2）制冷功能：随时随地制冷，可以冰镇饮品，保鲜水果食物等。

3）舒适支撑扶手：原车扶手手感坚硬，不舒服，而扶手箱则比较注重细节的打造。安装特制的扶手箱，即可开启舒适旅程。

4）收纳功能：可以放钥匙、银行卡，零钱硬币等。

5）专门设置的 2 个杯托：可以放置饮品，防止杯子倾倒，也不会弄脏车内饰。

6）无线充电板：扶手箱带无线充电功能，在车内充电更加便捷，提升乘车智能体验。

7）专门设置的点烟器：遇到乘客要抽烟时，可及时点烟。

8）带智能 USB。

9）高端桃木面板，真皮掀盖板。

10）带夜晚照明功能。

四、如何选购车载冰箱

1. 根据车主需要选购

目前市面上车载冰箱的种类比较齐全，应根据车主的实际需要购买。如果车主只想短时间内储存食物，购买保温箱就可以了，这种保温箱不用电，且价格便宜；如果车主是单身，住临时租借的房屋，那么购买车家两用型冰箱是不错的选择，平时把冰箱放在家里，旅行时提到车上即可；如果车主想要制冷效果比较好的冰箱，那么就选择压缩机制冷冰箱；如果车主对制冷效果要求不高，那么就选择半导体电子制冷冰箱。

2．根据车内空间选购

购买时应根据车内空间的大小合理选择。如果车内空间较小，最好选择扶手式车载冰箱，将其放在驾驶人座椅与前排乘员座椅之间，或放在后排座椅中间，既不占车内空间，又美观，且使用方便；如果汽车行李舱空间较大，选择立式或卧式车载冰箱均可。另外，车载冰箱的颜色及款式要与车内的装潢协调。

3．选购车载冰箱时应注重质量

考察车载冰箱的质量时，主要看它的制冷及保温效果。冰箱质量的好与坏，从一个细节就能轻松判断出来，消费者只需打开冰箱盖，试一下密封条的手感，如果它缺乏韧性和严整性，那么即使合上盖子从外表看不出破绽，其实际密封效果也不会好。

任务实施

一、在实训室进行实训准备并记录

1．实训人员必须穿戴相应的防护用品（工作服、口罩、防护手套、护目镜等）。

2．开展实训作业之前对汽车外观做好必要的防护（发动机舱盖、翼子板、车门等），以免操作过程中划伤车漆。

3．严格按照工艺流程操作。

二、在互联网上查询车载冰箱加装视频，对照以下流程正确理解并记录。

1．安装在汽车前排座椅中间作为扶手箱的安装方法：此种安装一般需要到汽车改装店加装，还有部分汽车厂家直接可标配定制版的汽车冰箱，安装在汽车前排的车载冰箱品牌较少。

2．安装在汽车后排座椅中间作为扶手箱的安装方法：首先将车载冰箱固定在后排座椅中间，选择有安全带固定槽设计的车载冰箱比较好固定，一根安全带穿过即可方便地固定或取下，远胜需要"五花大绑"固定的普通车载冰箱。

3．安装在汽车行李舱的安装方法：首先检查汽车行李舱有没有电源插孔，并确认电源电压是12V还是24V（车载冰箱有的只支持12V电源，也有的支持12V/24V双电压插孔），如果汽车行李舱有电源插孔，直接将车载冰箱放在行李舱，将电源线连接插孔即可。

4．另外，部分车载冰箱厂家提供车载冰箱固定底座，还可以将车载冰箱固定在行李舱中。如果汽车行李舱没有电源插孔，则可以选择加装电源插孔或者直接将电源线从汽车座椅下方走线连接在点烟器上。

5.不安装直接放置在座位上或者座椅下方：直接将电源线连接在汽车点烟器上，将车载冰箱放置在汽车座椅上面或者下方即可，建议将车载冰箱固定，消除安全隐患，特别是路面不平车辆颠簸时，避免车载冰箱滑落或倾倒砸伤乘客。

任务四 加装 360 软包脚垫认知

✎ 任务导入

谈起汽车脚垫，很多车主并未认识到它对车辆的影响力，认为它只具有让车内看着干净的作用，但真的如此吗？由于汽车脚垫离加速踏板、制动踏板都非常近，若脚垫移位或者安装不妥及使用不当，就会卡住制动踏板或者加速踏板，从而造成车辆失控。"千里之堤毁于蚁穴"，由此可见，即使很小的装饰件，由于选择不当、安装不当，也会造成恶劣后果。市面上常见的脚垫有普通全包围汽车脚垫和 360 软包脚垫。360 软包脚垫与全包围脚垫相比有哪些优势？360 软包脚垫安装实施过程又是怎样的？

✎ 任务分析

360 软包脚垫种类繁多，通过特性分析，判断选购 360 软包脚垫的必要性；根据使用场合和环境，选择 360 软包脚垫并按照标准操作流程为车辆加装。

✎ 学习目标

知识目标

1. 了解 360 软包脚垫优缺点。

2. 掌握 360 软包脚垫与普通全包围脚垫对比的优势。

3. 掌握汽车 360 软包脚垫安装方法。

技能目标

1. 能鉴别 360 软包脚垫质量优劣。

2. 能正确选用 360 软包脚垫。

3. 能正确理解并说出汽车 360 软包脚垫安装的步骤。

素养目标

1. 培养学生一丝不苟、精益求精的工匠精神。

2. 培养学生团结协作、爱岗敬业的敬业态度。

3. 培养学生勇于实践、勇于创新的开拓精神。

知识链接

一、全包围汽车脚垫

1. 概念

全包围汽车脚垫（图4-4-1）是指能够完全覆盖原车绒面的脚垫，也就是说车底绒面有多高，全包围脚垫包边就能包多高，是新车免铺地胶的首选。全包围汽车脚垫现在一般都采用比较环保的 XPE 材质，摒弃了以前的 EVA 和 PVC 材质。

图4-4-1　全包围汽车脚垫

2. 特点

（1）专车专用，高边设计，安全，永不走位　专业测量，立体全包围设计，立体裁剪技术，针对各款车型量身打造，配合原车专用防滑卡扣，使脚垫永不走位，确保行车安全。立体的汽车脚垫比市面上一般的平面地毯和3D地毯要实用，每个凹凸位都与车身完全贴合，专车专用，永不变形。

（2）脚感舒适，更有隔声防振的效果　采用专用的高档皮革面料，内有多层优质环保、减振隔声材料，驾驶人垫脚位置的超级防滑耐磨层，使脚垫既具有如地毯般柔软的感觉，又起到隔声防振的效果，让车主充分享受驾乘的乐趣。

（3）易清洗，好打理　采用专用的耐磨材料，高边立体的设计能更有效地保护原车绒面的清洁卫生，日常护理极为方便，只需要将脚垫取出，用湿抹布擦拭即可，用皮革清洁剂清洗效果更佳。

（4）美观时尚，简洁大方　产品除了最大限度地发挥脚垫防滑、防尘的自然功能，同时彰显脚垫的安全、环保和内饰功能，提升汽车的使用品味。大包围皮革是汽车脚垫市场最好的一款脚垫。

（5）立体压模成型，紧密服帖　脚垫按车型底板原样压模，盆状高边保护设计，使其与车底板更加服帖密合。脚垫采用环保材料一体化成形，按原车车型跟车体底板吻合，表面具有特别的防滑纹理。底层采用特殊防滑结构，使用中不会变形移动。立体高边卡住车底盘轮廓，解决了普通平面脚垫容易走位的问题。

（6）特殊材质，容易清洁　3D立体高边、防水材质，保持车内清洁，令灰尘、泥水留在脚垫内，不会弄脏原车地毯。

二、360 软包汽车脚垫

1. 概念

360软包脚垫（图4-4-2），全称360航空软包脚垫。产品的原理和卖点，是更进一步保护原车底，力求降低噪声与减少缝隙感。360 汽车脚垫，采用嵌入式安装，免拆座椅，无损安装，不会卡住加速踏板、制动踏板，不会挡住滑道，节省空间，牢固不滑动。

2. 360 航空软包脚垫特点

（1）优点　能够维护汽车的内饰，确保车内环境整洁。具有装饰功效，设计精美的 360 航空软包脚垫能够在一定程度上让汽车看起来更为高端奢华。

（2）缺点　安装比较麻烦，座椅必须拆下来，很有可能会对车辆造成损害；皮革制品可能有化合物残余，对身体产生损害；清理起来费时费力。

图 4-4-2　360 软包脚垫的全景图

三、360 软包汽车脚垫与全包围脚垫对比

1. 全包围脚垫

全包围脚垫直接铺进去即可，装载十分方便。而且全包的覆盖面积比较广，具有相对较高的包边，一般都是专车专用的全包，覆盖性和隔声效果都比较好，防水防尘，固定紧密，脚感也比较舒适。但有的全包脚垫需要经常清理，并且使用时间久了可能会出现偏移、变形，甚至会出现卡住加速踏板和制动踏板的现象。

2. 360 软包脚垫

常见的 360 软包脚垫安装时需要把座椅拆下来，这样才能更好地做到 360° 精准覆盖，比全包围覆盖得更广，360 软包侧边处理完全无痕（图 4-4-3），专车专用，基本上与原车融为一体，更为大气时尚，也不易出现偏移现象，后期更不会出现卡住加速踏板和制动踏板的现象，这种 360 软包安装方式称为嵌入式安装（图 4-4-4）。这种安装方式的缺点是安装时比较麻烦，价格上会更贵，拆卸时有可能会对原车造成一定的损伤。

图 4-4-3　360 软包侧边处理完全无痕

图 4-4-4　360 软包脚垫嵌入式安装

四、安装汽车脚垫的注意事项

1. 选用注意事项

总的来说，360 航空软包脚垫是一个具有两面性的商品，因此车主应当按照自身的需要来考量是不是要改装。假如要改装的话，最好是挑选靠谱的大品牌，可以避免组装过程中对汽车造成损害，脚垫的品质还有保障，减少很多不必要的麻烦。

2. 安装注意事项

在安装 360 软包脚垫的时候应注意以下事项：不能卡滞加速踏板和制动踏板、应采用边角嵌入式覆盖、不能卡滞座椅滑道、不能影响出风口通风，如图 4-4-5 所示。

不卡滞制动踏板和加速踏板　　边角嵌入式覆盖　　不卡滞座椅滑道　　不影响出风口通风

图 4-4-5　安装注意事项

任务实施

一、在实训室进行实训准备并记录

1. 实训人员必须穿戴相应的防护用品（工作服、口罩、防护手套、护目镜等）。

2. 开展实训作业之前对汽车外观做好必要的防护（发动机舱盖、翼子板、车门等），以免操作过程中划伤车漆。

3. 严格按照工艺流程操作。

二、在互联网上查询 360 软包脚垫加装视频，对照以下流程和注意事项正确理解并记录

1. 要选择与车型相匹配的脚垫

不同的车型，驾驶人侧地板的形状各异。为了更好地贴合该车型的驾驶人侧地板轮廓，应该选择专车转用型的脚垫，尽量避免选择通用型的脚垫。

2. 确保脚垫不会妨碍踏板的使用

铺设脚垫的时候，要保证驾驶人侧的脚垫不会影响加速踏板、制动踏板的使用，手动

变速器车辆还有离合器踏板，要保证脚垫不会影响离合器踏板的作用。

3. 确保脚垫已经固定牢靠

新款的车型都已经配有脚垫固定栓。安装的时候一定要用固定栓将脚垫固定牢靠。对于没有脚垫固定栓的旧款车型，在安装的时候可以选择自制固定粘胶，以确保脚垫不会移位。

4. 避免踏板被卡死的方法

除了脚垫使用不当有可能造成踏板被卡死外，车厢内一些没有固定好的杂物都有可能在车内滚动甚至会卡住踏板，造成意外。后座的乘客也要注意不要把水瓶等物件放在后座的地板上，因为很多车型的后座和前座的下方是连通的，紧急制动的时候有可能会滑到驾驶人的踏板下。平时进行保养的时候，可以让维修工帮忙检查一下踏板。如果发现任何一个踏板有松动、动作发涩等问题，一定要及时调试或者更换相关零部件。

5. 铺设多层脚垫可致命

部分车主为了方便清洁，会在织物材质的脚垫上再铺设一层橡胶、PVC 等易于清洗的脚垫。据网上调查显示，铺设双层脚垫导致脚垫移位的发生概率十分高。双层脚垫的铺设使得上层脚垫无法固定，容易发生移位事件。因为脚垫都很新，所以车主往往更容易疏忽，意外发生的概率大大提升。

6. 变形脚垫应及时更换

脚垫使用久了一般都会出现变形的现象，例如四角翘起等。脚垫翘起的位置容易卡住加速踏板或制动踏板。使用一段时间后，车主应该查看脚垫是否已经变形，已经变形的脚垫，应该马上进行更换。

7. 前后、正反颠倒要不得

有部分款式的脚垫正反面十分相似，车主要仔细辨认清楚。脚垫的正反面颠倒不但不能起到防尘防滑的作用，且无法固定牢靠，甚至还会与踏板发生干涉。前后颠倒铺设也是禁止的。

汽车顶篷升级改装

项目导入

绝大多数汽车采用的都是织布材质的顶篷，不够高级，也不耐脏。内饰是车主最亲近的环境，越来越多的车主也开始讲究内饰的整体搭配，像宾利、劳斯莱斯采用的都是顶篷和座椅颜色一致性设计。相对于一成不变的织布顶篷，升级改装的顶篷可根据内饰颜色灵活定制，空间感和整体感更强，质感更细腻柔软，不仅新车可以升级，旧车的顶篷老化塌陷也是比较常见的，通过顶篷升级改装就可以让内饰产生一个质的飞跃。

汽车顶篷内饰是汽车整车内饰的重要组成部分，它的主要作用是提高车内的装饰性，同时顶篷内饰还可提高与车外的隔热、绝热效果，降低车内噪声，提高吸声效果；提高乘员乘坐的舒适性和安全性。汽车顶篷内饰升级改装的价值，不仅在于它可以增加功能、升级车内外观，更重要的是它体现出了车主自己独特的个性。在本项目中，我们将学习如何进行汽车顶篷内饰老化翻新；如何进行汽车星空顶篷制作。

随着汽车市场蓬勃发展，汽车的产销量和保有量不断提高，汽车后服务市场也随之发展起来，车主对汽车不仅有功能性要求的提升，对汽车顶篷内饰的要求也日趋个性化。在本项目中，我们将通过任务描述，阐述汽车顶篷内饰升级改装的要求，并进行任务分析，引领学生分步骤完成任务点。本项目讲解了针对汽车顶篷内饰升级改装的相关知识，帮助学生拓展思维，并通过任务实施，将理论融于实践，通过知识链接，完成课后提升，温故而知新。

任务一 汽车顶篷老化翻新

任务导入

汽车顶篷是汽车内饰中空间面积最大的一部分，而汽车顶篷装潢对汽车整车主题效果的提升有着不可或缺的作用。优秀的顶篷装潢能使人感到舒适愉快，提高汽车的档次及满足消费者的个性化需求。通过对汽车顶篷翻新材料特性的认识，采取恰当的包覆工艺，完成顶篷面料在汽车顶篷内饰、天窗遮光板等部分的包覆施工，施工后的顶篷面料应该服帖地贴在顶篷表面，没有气泡、褶皱和脏污等缺陷。

顶篷装潢面料种类繁多，不同装潢面料的特性决定了其包覆技巧各异。根据顶篷的结构、类型、车主的需求选择合适的材料，采用最佳的翻新工艺，实现提升舒适性的目的。

学习目标

知识目标

1. 了解顶篷装潢面料及其物理特性。
2. 掌握汽车顶篷内饰拆除和装复方法。
3. 掌握胶水调配方法。
4. 掌握汽车顶篷内饰包覆方法。

技能目标

1. 能正确选用顶篷内饰翻新材料。
2. 能正确使用工具对汽车顶篷内饰进行拆除和装复。
3. 能正确采用适当方法进行胶水调配。
4. 能正确对汽车顶篷内饰进行包覆操作。

素养目标

1. 培养学生一丝不苟、精益求精的工匠精神。
2. 培养学生团结协作、爱岗敬业的敬业态度。
3. 培养学生勇于实践、勇于创新的开拓精神。
4. 培养学生艰苦朴素、任劳任怨的劳动精神。
5. 培养学生安全生产、规范操作的安全意识。
6. 培养学生绿水青山就是金山银山、节能减排的环保意识。
7. 培养学生诚实守信、依法生产的法律观念。

知识链接

一、汽车顶篷内饰的概念

汽车顶篷内饰是汽车整车内饰的重要组成部分，它的主要作用是提高车内的装饰性，同时顶篷内饰还可提高与车外的隔热、绝热效果，降低车内噪声，提高吸声效果；提高乘员乘坐的舒适性和安全性。汽车顶篷一般由面料和泡沫复合而成，面料层起装饰作用，泡沫层起绝热、吸声、隔声作用。另外，顶篷除了可以提供隔热和隔声效果，还可以隐藏电器元件、天线和其他配件的电线和硬件。

二、汽车顶篷内饰的性能特点

由于太阳直射车顶，汽车顶部温度较高，对顶篷内饰的各项指标要求较严。主要性能要求有抗静电性、耐温性、抗污染性、阻燃性、耐水性。

1）抗静电性：在使用过程中，不得产生静电作用，不允许有起毛、起球、吸灰等现象。

2）耐温性：顶盖内护面在 −30~80℃范围内能够正常使用，不得有开裂、变形、剥离等现象。

3）抗污染性：在使用过程中遇油、水污染时，不易扩散。

4）阻燃性：符合 GB 8410—2006《汽车内饰材料的燃烧特性》所规定的要求。

5）耐水性：顶盖内护面经耐水试验后，不得有剥离、脱壳现象。

三、汽车顶篷的发展趋势

1. 顶篷结构、材料亟待创新

随着汽车工业的发展，消费者对汽车内环境的要求也朝向电动化、智能化迈进，单一功能的汽车顶篷已无法满足消费者要求，愈来愈多的功能需要集成在顶篷上。目前，顶篷上常集成有顶灯、出风口、空调控制面板，部分高配置车型还集成有吸顶屏、环抱氛围灯、化妆镜、娱乐系统等，这就要求顶篷自身的强度、刚度等物理性能有强效提升；天幕玻璃的兴起，要求顶篷中间大面积镂空，顶盖横梁的减少，使顶篷安装点削减，对顶篷的刚度提出了更高的要求。在此情况下，低压注塑顶篷应运而生，特斯拉、小鹏等车型均有使用。但低压注塑对侧气帘的爆破提出了挑战，并且制造成本大幅提升。因此，顶篷必须在常规基础上进行材料、结构的创新，来迎接挑战。

2. 顶篷的智能化

造车新势力的入场带来了汽车智能化的浪潮，目前更多的智能化是集中在电气领域。但内饰件本身也能进行智能化的创新。如星空顶篷，在顶篷内部贯穿 LED 光纤，通过控制器，控制光纤的亮灯效果，实现灯光律动。

3. 顶篷的个性化

顶篷个性化的实现依赖于制造端及客户端的智能化管理。对于顶篷本身，可通过数码喷绘或织造实现图案的定制。对于特殊定制图案，可以在面料出厂时进行数码喷绘，再进行顶篷加工、整车装配；对于规则图案，针织布在织造时即可实现。

四、汽车顶篷的分类

根据汽车顶篷的形式进行分类，可分为固定式顶篷和活动式顶篷。活动式顶篷常见于敞篷汽车。固定式顶篷中可分为硬顶式顶篷和软顶式顶篷，常用于各类乘用车和商用车。

1. 软顶式顶篷

软顶一般由面料和泡沫层用层压法或火焰法复合在一起。泡沫层用聚氨酯或交联聚乙烯泡沫（XPE）制造，起隔热、隔声、吸声、减振作用。面料多数为无纺布、机织布或PVC膜等材料制造，起装饰作用，其颜色及质地要与车身内饰颜色和质地相协调。

软顶主要用于货车、中型客车和低档轿车上。软顶按固定方式一般分为两种：粘接型和吊装型。

粘接型顶篷是在车顶盖上涂胶，然后将顶篷粘接在顶盖上。这种顶篷操作比较简单，成本较低，但整体装饰效果差，隔声、隔热效果差。

吊装型顶篷是将顶篷饰面吊装在车顶盖上。这种顶篷质量小、成本低，但软顶与车顶盖间隙大，导致乘员室室内空间减小，行车时软顶发生振动，整体装饰效果不理想。

2. 硬顶式顶篷

硬顶由基材、缓冲隔热层、表皮层叠一体成型。硬顶采用多层复合材料整体成型，施工现场工人用喷枪直接将粘接剂均匀地喷涂在硬顶背面的粘接区域内，晾置一段时间后，再粘贴在金属顶盖上。

1）基材是由无纺布、玻璃纤维、胶膜、热塑性聚氨酯泡沫、复合成的多层复合材料。PU基材由于耐热性好，尤其是隔声隔热效果好，已得到广泛应用。

2）缓冲隔热层主要采用硬质聚氨酯泡沫塑料板或废纺毡。

3）表皮材料主要采用织物或PVC膜。

五、汽车顶篷装潢常用材料

汽车顶篷由多层复合材料组成，通过粘接剂整体粘附在车辆顶部钣金件上。该复合材料由装饰层、底层基材组成。其中，底层基材常用材料有PU复合板、PP复合板、PF（酚醛树脂）+纤维/瓦楞纸等。装饰层面料是面向驾乘人员的，常用材料有真皮、超纤仿皮、PU仿皮革、反绒皮、针织复合面料、无纺布面料、仿麂皮、麂皮绒、纳帕真皮、PVC等，如图5-1-1所示。

图 5-1-1 汽车顶篷翻新常用面料

其中，真皮的特点是致密的毛孔利于散热，柔软、耐磨、耐高温。超纤仿皮的特点是耐磨且透气，耐老化，手感柔软舒适。PU仿皮的特点是价格便宜、色彩丰富、花纹繁多。

反绒皮的特点是延展性好，手感柔软舒适。

六、汽车顶篷装配注意事项

1. 装配时应做好噪声控制

为了避免顶篷附件与钣金件之间接触产生噪声，需在顶篷周围设计缓冲块，顶篷装配后可以与钣金件更好地贴合，消除噪声。

2. 装配时应将顶篷固定牢靠

顶篷可通过固定支架、胶粘、卡扣的方式，固定在车身钣金件上。目前，改装车市场上胶粘的固定方式已经逐步淘汰，当下采用最多的固定方式为卡扣与固定支架结合的方式。

七、汽车顶篷实训工作站功能介绍

汽车顶篷实训工作站是用于翻新和装潢汽车顶篷的专用施工平台，如图 5-1-2 所示。它主要由平台框架、翻转架及顶篷夹具、气动锁止机构、光纤卷轮及附件、动力供给接口等组成。翻转架可以夹持顶篷实现 360° 翻转，可停留在任何位置并自动可靠锁止。光纤卷轮及附件可以挂载多种不同规格的光纤，释放光纤时带有阻尼功能，便于光纤拉直，为星空顶篷制作带来很多便利。动力供给接口可以连接各类电动、气动工具，便于汽车顶篷清洁、包覆、翻新、装潢等操作。

图 5-1-2　汽车顶篷实训工作站外观图

任务实施

实训准备

1. 实训人员必须穿戴相应的防护用品（工作服、口罩、防护手套、护目镜等）。

2. 开展实训作业之前对汽车外观做好必要的防护（发动机舱盖、翼子板、车门等），以免操作过程中划伤车漆。

3. 严格按照工艺流程操作。

4. 实训设备、工具准备（拆装组合工具、记号笔、剪刀、美工刀、刮板、双面胶、电热风枪、干磨机、喷枪、吹气枪、卷尺、四件套、砂纸、胶水、卡扣、抹布、清洗泡沫等）。

实训时间

90 分钟

一、汽车顶篷内饰和附件的拆除

1. 拆卸汽车顶篷的附件

1）将前排两个座椅放平，这是为了施工的方便。

2）从驾驶室座位开始，按逆时针方向依次拆卸，使用撬板工具及快速扳手拆下顶篷扶手（图5-1-3）、化妆镜板、顶灯总成。

3）拆除汽车顶篷上的各种附件，断开相关线路，如灯具、拉手、遮阳板（图5-1-4）等。

图 5-1-3 拆下顶篷扶手

图 5-1-4 拆下遮阳板

4）使用塑料撬板及螺钉旋具拆下顶篷上的扶手及 A、B、C 柱内饰板，如图 5-1-5 所示。

图 5-1-5 拆除 B 柱和 C 柱内饰板

5）拆卸汽车顶篷附件的注意事项如下：

①应先撬下阅读灯的面板再撬下顶篷固定胶钉，防止线束插头被扯断。

②撬动时应适度用力，撬坏的胶钉应予以更换。

③拆卸电气附件时要正确使用工具，防止损伤电气部件或线路。

④拆下的各种零部件应贴上标签，集中存放，便于后续顶篷安装。

⑤拆装顶篷时不可使用螺钉旋具，会损伤塑料件。

⑥门框胶条是固定顶篷的，拆装胶条时注意力度，否则胶条易破损。

2. 拆卸原车顶篷内饰

1）原车顶篷的前部及后部有胶钉固定，需用专用的内饰撬板撬下胶钉，如图 5-1-6 所示。

图 5-1-6　撬下胶钉

2）拆卸车门门框密封条。

3）放倒或拆除前排座椅。如果尾门空间不足，则需要先拆下前排乘员座椅，以便于取出顶篷。

4）拆除四门上面所有的胶条，顶篷脱落后可从右后门取出顶篷，如图 5-1-7 所示。如果尾门空间足够大，则优先从尾门取出顶篷，拆卸下来的顶篷先将老旧脱落的面层撕下。注意：从车内取顶篷时，顶篷需斜着，稍微弯曲即可，弯曲过大容易造成顶篷出现褶皱。

图 5-1-7　右后门取出顶篷

5）将顶篷放置安装至顶篷实训工作站（图 5-1-8），可最大程度上防止顶篷出现褶皱以及变形。卸下的顶篷应规范放置，避免顶篷表面与地面接触而脏污及防止顶篷变形。

图 5-1-8 顶篷放置到顶篷工作站

二、汽车顶篷内饰翻新

1. 原车顶篷清洁

1）由于原来的顶篷内饰海绵老化跟针织布脱离，需先将针织布拆除。

2）打磨顶篷上面老化的海绵。打磨时将面粉均匀地涂抹至顶篷表面，使用钢丝球或者气动打磨机进行打磨，如图 5-1-9 所示。

图 5-1-9 打磨顶篷

3）打磨完成后使用气枪将顶篷表面及边角清洁干净，如图 5-1-10 所示。

图 5-1-10 清洁顶篷

顶篷翻新打磨

⚠ 注意事项：

    如果原车有天窗，则天窗板也要清理干净；在去除原车海绵的时一定要注意不要损坏顶篷基材，一定要清理干净，必要的时候可以用喷漆稀料稀释一下，这样会比较容易清理并且不会伤害原车顶篷基材。

⚠ 打磨操作注意事项：

    ①使用气动工具进行打磨时，力度宜适中，否则打磨后顶篷会出现高低不平。
    ②顶篷平面边角以及凹凸面必须清洁到位，否则后期会出现开胶脱落现象。
    ③打磨过程中不可用力过大，否则顶篷会出现褶皱。

2. 面料打版

1）检查顶篷布表面是否有瑕疵、脏污、褶皱、纹理等缺陷。使用尺子测量顶篷长度尺寸，使用剪刀裁剪合适的顶篷布，将顶篷布平铺于顶篷实训工作站上面，检查顶篷布与顶篷大小是否合适，检查顶篷布表面是否有瑕疵、脏污、褶皱、纹理等缺陷，如图 5-1-11 所示。

图 5-1-11　检查顶篷缺陷

2）按照面料的伸展方向裁剪，确保面料不会变形。根据施工顶篷的形状及大小在一张足够大的布料上裁剪出大小合适的面料。所裁剪的尺寸要超过所包覆内饰件边缘 20mm，杜绝浪费，如图 5-1-12 所示。

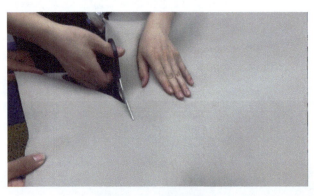

图 5-1-12　裁剪顶篷布

⚠ 注意事项：

　　顶篷布尺寸要大于顶篷尺寸，单边预留 15mm 用来包边包角，例如顶篷实际尺寸为 1400mm×1200mm，那么顶篷布下料尺寸不得少于 1430mm×1230mm。

3. 喷涂和涂抹胶水

（1）调配胶水　胶水一定要选择耐高温性强的，否则在炎热的夏季顶篷就可能脱落。控制喷涂速度，确保喷涂均匀，防止贴合后出现气泡和凸起。将胶水及固化剂倒入量杯内，按照 100∶3 比例混合，如图 5-1-13 所示。

图 5-1-13　调配胶水

（2）胶水倒入喷枪壶　使用搅拌棒搅拌均匀后，使用 400 目滤纸将胶水过滤后倒入喷枪壶，如图 5-1-14 所示。

（3）试喷　在试色纸上进行试喷，调整喷枪幅度以及出气量，如图 5-1-15 所示。

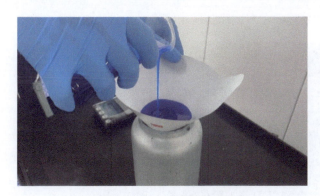

图 5-1-14　胶水倒入喷枪壶

图 5-1-15　试喷

（4）清洁内饰件　打开通风设备，用吹气枪清除内饰件表面和皮革面上的颗粒与小石子。

（5）调整顶篷实训工作站　通过调整锁紧开关以及旋转把手转动顶篷，调整顶篷实训工作站至个人操作合适角度。

（6）正面喷涂（图 5-1-16）　与顶篷布粘贴在一起的面统称为顶篷正面，与钣金件面粘贴的面统称为顶篷背面。

图 5-1-16　正面喷涂

使用喷枪分别对顶篷布以及顶篷正面及边缘部分均匀喷涂胶水，可进行二次或者多次喷涂，喷枪距离顶篷布及顶篷约 30cm 为最佳。

❗ **正面喷涂时的注意事项：**

①保证每一个包覆面都喷涂均匀，若喷涂不均匀，后期容易出现脱落。不可出现飞丝，断断续续现象。

②顶篷布喷涂的胶水不可过多，胶水过多容易通过泡棉渗透至顶篷布表面。

③顶篷布实际喷涂面积必须大于顶篷的面积，顶篷布需要包边包角。

④顶篷周围边角必须喷涂均匀，凹凸面可适当增加胶水用量，顶篷正面喷胶不可出现叠加胶水现象，否则顶篷后期包覆会出现高低不平现象。

（7）背面涂抹胶水（图 5-1-17）　顶篷正面喷涂完成后，转动实训工作站把手，翻转顶篷至合适角度，使用毛刷对顶篷背面需要包覆的边角均匀涂抹胶水，为了防止包边包角漏色及后期出现缩边现象，边角包覆宽度为 1cm 左右，涂抹胶水宽度必须大于 1cm。

图 5-1-17　背面涂抹胶水

（8）晾晒顶篷布　顶篷、天窗板、顶篷面料上都完成喷胶后，将喷好的顶篷布拿到旁边晾晒，如图 5-1-18 所示。

4. 翻新面料包覆

1）等待胶水完全固化，胶水固化时间约 1h，根据天气温度不同略有差别，用手触摸胶水不会出现粘连即可。

图 5-1-18　晾晒顶篷布

2）将顶篷布覆盖放置于顶篷表面，调整顶篷布前后左右位置，将顶篷布调整到可以将顶篷全部覆盖亦可包边包角的位置，如图 5-1-19 所示。

图 5-1-19　调整顶篷布位置

3）转动顶篷实训工作站，调整至合适位置后，使用热风枪对顶篷进行加热包覆。

具体操作为：将顶篷布一分为二，从中间向两边拉伸进行加热包覆，热风枪距离顶篷布 20mm，转动热风枪做画圈运动轨迹对顶篷布进行加热，等待顶篷布表面温度达到 60℃左右，使用手掌按压顶篷布表面，使顶篷布与顶篷表面紧密贴合，依次对顶篷进行包覆，如果褶皱及顶篷布余量过多，可以通过拉伸顶篷布消除褶皱及余量。全部包覆完成后需使用热风枪对顶篷全面加热，使用手掌依次压平，确保没有遗漏以及粘贴不牢固现象，如图 5-1-20 所示。

图 5-1-20　加热包覆

4）包边包角。使用剪子裁剪边缘多余的顶篷布以及顶篷内饰件空缺的位置，留出超过顶篷边缘以及内饰件空缺边缘 10mm 的顶篷布，使用热风枪加热顶篷布，完成包边包角，如图 5-1-21 所示。

图 5-1-21　包边包角

5）使用壁纸刀将多余的布料去除，如图 5-1-22 所示。

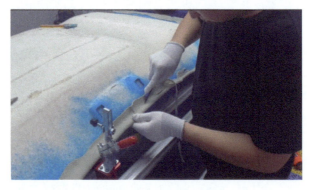

图 5-1-22　去除多余布料

6）将需要开孔的位置开孔，例如拉手固定螺钉处需要开孔。开孔边缘偏差不得大于 3mm，如图 5-1-23 所示。

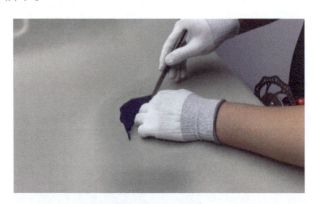

图 5-1-23　开孔

三、汽车顶篷内饰和附件的安装操作

1）从汽车右后门进入，将顶篷抬到车内至车顶，移动过程中要防止顶篷褶皱，如图 5-1-24 所示。

图 5-1-24　将顶篷抬到车内

2）把翻新好的顶篷重新安装到车上。把新的胶钉卡到顶篷的胶钉安装孔内，安装顶篷。

3）找到收集保存好的汽车顶篷相关附件，按照与拆卸相反的顺序进行装复，如图 5-1-25 所示。

⚑ 安装操作的注意事项：

　　在顶篷及附件安装过程中注意不要弄脏或损坏顶篷，保证施工质量。

4）施工完成。施工结束后要做好车内清洁和座椅归位、工具整理等后续工作。汽车顶篷翻新完成效果如图 5-1-26 所示。

图 5-1-25　安装汽车顶篷附件

图 5-1-26　汽车顶篷翻新完成效果图

任务二 汽车星空顶篷制作

任务导入

汽车改装星空顶篷可使车内氛围漂亮浪漫，车主可以在乘坐汽车时体验漫天星空的感觉，因此很多客户会对顶篷内饰进行改装。汽车星空顶篷首次出现在劳斯莱斯幻影身上，星空顶篷是在车顶内部埋藏许多根光导纤维，光导纤维有很好的导光性，发光源发出的灯光可以直接传导到车内，营造出星星般的柔美灯光。通过对星空顶篷特点、关键配件性能的认识，采取恰当的安装工艺，完成汽车星空顶篷图案设计和制作，施工后的汽车星空顶篷外观美观大气，点亮时星光璀璨，高级感十足。

光纤光源机和光纤种类多样，可根据需要适当选择。另外，光纤安装时必须可靠固定，防止车辆运行过程中出现噪声。光纤安装时一般允许弯曲的最小曲率半径约为光纤直径的15~20倍。

学习目标

知识目标

1. 了解光纤光源机和光纤特性。
2. 掌握汽车星空顶篷图案设计和制作方法。
3. 掌握汽车星空顶篷光纤束布线方法。
4. 掌握汽车星空顶篷常见故障的检修方法。

技能目标

1. 能正确选择光纤光源机和光纤。
2. 能正确使用工具对汽车星空顶篷进行图案设计和制作。
3. 能正确对汽车星空顶篷光纤束进行布线。
4. 能正确检修汽车星空顶篷常见故障。

素养目标

1. 培养学生一丝不苟、精益求精的工匠精神。
2. 培养学生团结协作、爱岗敬业的敬业态度。
3. 培养学生勇于实践、勇于创新的开拓精神。
4. 培养学生艰苦朴素、任劳任怨的劳动精神。

5. 培养学生安全生产、规范操作的安全意识。

6. 培养学生绿水青山就是金山银山、节能减排的环保意识。

7. 培养学生诚实守信、依法生产的法律观念。

知识链接

一、光纤照明系统的概念

光纤照明系统是由光源、反光镜、滤色片及光纤组成。当光源通过反光镜后，形成一束近似平行光。通过滤色片的作用，又可将该光束变成彩色光。当光束进入光纤后，彩色光就随着光纤的路径送到预定的地方，如图 5-2-1 所示。

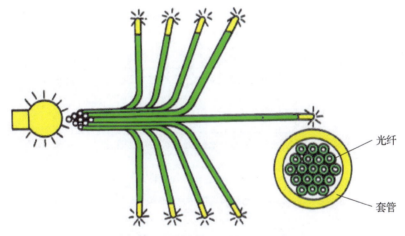

图 5-2-1　光纤照明系统组成示意图

二、光导纤维的工作原理

光导纤维（简称光纤）利用了光的全反射的原理。光在不同介质中的传播速度是不同的，所以光从一种介质射向另一种介质时，在两种介质的交界面处会产生折射和反射。而且，折射光的角度会随入射光的角度变化而变化。当入射光的角度达到或超过某一角度时，折射光会消失，入射光全部被反射回来，这就是光的全反射。

根据折射定律，光从折射率大的介质到折射率小的介质时，折射角大于入射角，并随入射角增大而增大。当入射角 ϕ_1 增大到临界角 ϕ_0 时，折射角 $\phi_2 = 90°$，但折射光线可以忽略不计，光线发生全反射。从能量角度看，折射光能量越来越小，反射光能量逐渐增大，直到折射光能量消失，如图 5-2-2 所示。

当光在光纤中发生全反射现象时，由于光线基本上全部在纤芯区进行传播，没有光跑到包层中去，所以可以大大降低光纤的衰耗。

　　柔性的光导纤维束之所以能够导光，主要是依靠光线在光滑的纤维内表面内多次反射传递的。当光线垂直穿过光导纤维的界面时，光线只能穿过空气再进入光导纤维内。若光线与光导纤维形成一定夹角，光线就只能以反射的方式传递。而多次的反射是光线得以沿光导纤维传递的条件，如图 5-2-3 所示。

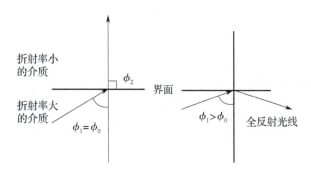

图 5-2-2　光的全反射原理示意图

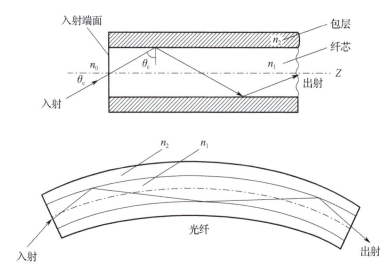

图 5-2-3　光纤内部光线柔性传播原理示意图

三、塑料光纤的特点

　　汽车星空顶篷的制作一般使用塑料光纤（POF）。塑料光纤是用一种透光聚合物制成的光纤。因为可以利用聚合物成熟的简单拉制工艺，故成本比较低，且比较柔软、坚固，直径较大，接续损耗较低。塑料光纤质轻、柔软，更耐破坏（振动和弯曲）。塑料光纤有着优异的拉伸强度、耐用性和占用空间小的特点。这些优点使得塑料光纤在汽车中获得了成功应用。

　　通过特殊的芯层材质和包覆层组成，可以使光纤呈现出柔软的特性。纤芯原料主要是有机玻璃（PMMA）、聚苯乙烯（PS）和聚碳酸酯（PC），包覆层为含氟塑料，如图 5-2-4

所示。塑料光纤柔软性好，接续简单，而且易于弯曲，因此施工比较容易；外观颜色多变，通常是全透明或乳白色；具有良好的端面发光和通体发光效果，导光均匀，亮度高；线体形状多变，可根据具体要求来开发不同外观。

塑料光纤可在40~105℃温度号下使用，其光纤直径在0.5~30mm之间，可根据设计形态进行定制；高透过率芯材，导光均匀性好；发光柔和，不会产生眩光，无光污染；光纤发光时不带电、不导电、不发热，使用安全；耐候性好，低温不断裂，并保持柔软性；高温时，保持较高的侧光照度；柔软性好，易弯曲造型，抗振动抗冲击，安装方便。安装时一般允许弯曲的最小曲率半径约为光纤直径的15~20倍。

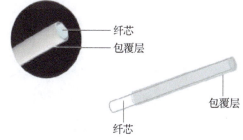

图 5-2-4 塑料光纤组成结构示意图

四、光纤光源机的选用和功能

由于星空顶篷并非照明用光源，故一般选用功率20W以下的光纤光源机，如图5-2-5所示。为防止光纤光源机影响顶篷安装，光纤光源机厚度一般不应超过5cm，设备常见参数见表5-2-1。

表 5-2-1 某款光纤光源机的工作参数

产品尺寸	180mm×60mm×30mm	功率	18W
工作电压	直流12V	工作温度	-10~60℃
质量	620g	耦合头尺寸	13mm
功能特点	红、绿、蓝三原色组成7色变化模式。可以选择跳变、渐变、定色、频闪等多种模式。可用遥控器操作，还可实现多台无线同步工作		

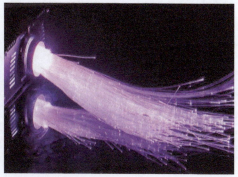

图 5-2-5 光纤光源机外形和工作状态

部分高级光纤光源机具有星空控制功能和流星控制功能，如图5-2-6所示。此种光纤光源机甚至还可以使用遥控器和声音控制，灯光变换更加丰富多彩。比如具备七彩变化、纯白光、爆闪、16单色；呼吸功能、随音乐节奏跳动（可调灵敏度）；可以跟随音乐有节奏地变化；采用宽版 RGBW 四颗集成灯珠，更高亮；更稳定，有纯白光和 RGB 七彩混合光等功能。

星空面板（正面）　　　　　　　　　　流星面板（背面）

图 5-2-6　高级光纤光源机发光面板形式

五、光纤光源机的使用方法

光纤束接入光纤头内需要先用胶布捆扎好，以保证光纤间紧密接触，使入光面与光源垂直，有最好的通光效果，如图 5-2-7 所示。另一方面，若光纤束的直径比连接头的直径小很多，使用多捆胶布能起到一定的固定效果。

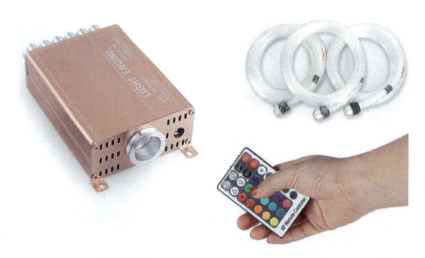

图 5-2-7　光纤光源机与光纤束外观示意图

为保证导光效果良好，光纤头部需要加工平齐。将所有与光纤光源机连接的光纤的入光端大致对齐。将光纤束穿过锁紧器、连接头，适配器，让不整齐的光纤端面超出适配器端面一小段长度，直到最短的光纤也超出适配器端面，从而保证了所有光纤在切平后能很好地接收光线。旋转锁紧器的螺母，锁紧光纤。用热刀或刀片平整地切平光纤，然后用细砂纸把光纤端面磨光，再用湿布把光纤端面擦干净，切勿使用任何化学溶剂擦拭光纤端面。必须保证光纤端面平整、干净、无污物，否则可能会导致光纤头部发热。将整个光纤接头伸进固定套，拧紧固定套上的锁紧螺钉即可，如图 5-2-8 所示。光纤束的弯曲半径应不小于光缆外径的 15 倍。

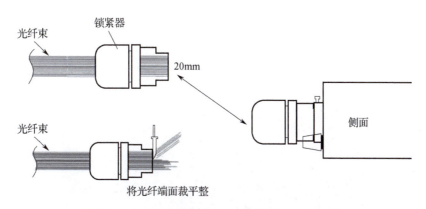

图 5-2-8 光纤光源机与光纤束连接形式示意图

任务实施

实训准备

1. 实训人员必须穿戴相应的防护用品（工作服、口罩、防护手套、护目镜等）。

2. 开展实训作业之前对汽车外观做好必要的防护（发动机舱盖、翼子板、车门等），以免操作过程中划伤车漆。

3. 严格按照工艺流程操作。

4. 相关工具准备（组合工具 1 套、卡扣拆装工具 1 套、电钻 1 把、斜口钳 1 把、热熔胶枪 1 把等）。

实训时间

90 分钟

一、星空顶篷光纤光源机电路布线方法

星空顶篷的光纤光源机一般只在汽车行驶的时候才工作，而且工作过程中能用自带的遥控器控制开关及色光，故仅需要一正一负两根电源线。由于是原车之外加装的电器，故还需要另外加熔丝及熔丝座，一般在室内车身熔丝盒内取由点火开关 ACC 控制的正电。特殊情况下也可连接近光灯或点烟器电路。光纤光源机一般藏于 C 柱内或放置于行李舱内，以便于后期维护，如图 5-2-9 所示。光纤光源机本身发热量不大，但车顶在高温暴晒下可能会由于温度过高影响机器寿命，故一般不放置于车辆顶篷内。

二、汽车顶篷拆卸与整理

按照前述的汽车顶篷拆卸方法拆除顶篷。汽车顶篷拆除后先进行清洁，然后将顶篷安装于顶篷实训工作站之上，以便于后续施工。如果顶篷需要翻新，则按照前述方法流程进行翻新作业，如图 5-2-10 所示。当翻新完成后，进行后续的星空顶篷制作。

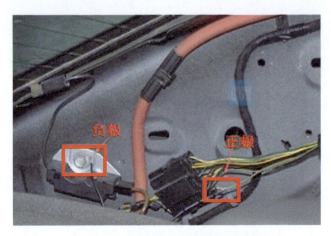

图 5-2-9　光纤光源机安装位置示例

图 5-2-10　完成基本翻新作业的汽车顶篷

三、汽车星空顶篷图案设计

　　星空顶篷图案设计将影响最终的展示效果，因此图案设计是一个比较重要的环节。图案通常以均匀分布于顶篷的光点为主，有时会加入多条模仿流星轨迹的直线光点或大曲率弧线光点图案。这些图案一般较简单，通常人工绘制基本可以完成。描点需要使用油性标记笔，防止由于点位模糊不清影响后续施工。描点间距 5~20cm 为宜。

　　有时星空顶篷设计为追求美观和个性化，可以加入汽车标识图案、文字、心形图案、五角星、月亮、星球图案等个性化图案。由于图案复杂性提高，一般需要使用辅助工具进行绘制，如图 5-2-11 所示。常用的辅助工具有纸质图样、投影图案胶片、电子图像投影等。纸质图样方法最常用，在计算机上选择合适的图案，调整图案尺寸后，打印成纸样，然后按照纸样进行描点完成图案设计。电子图像投影方法功能最为灵活多样，可将计算机上选好的图案通过投影机投射到顶篷背面，调整好大小和位置后人工辅助描点完成图案设计。

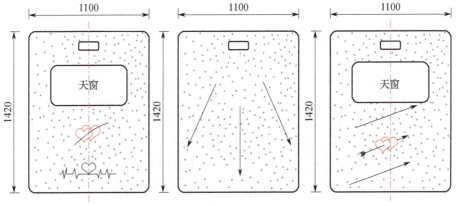

图 5-2-11 星空顶篷图案基本设计示例

如果客户需要特殊的图案，就需要使用绘图软件（如 AutoCAD、CAXA 等）专门设计，图案设计完成后转换为点阵显示模式。再通过打印纸样描点或通过电子图像投影方法投射到顶篷背面描点完成图案设计，如图 5-2-12 为通过投影方式完成图案设计。在顶篷上绘制星空图，将流星和繁星星空图案通过投影仪投放至顶篷背面（顶篷面向驾驶室的面为顶篷正面，顶篷面向车顶钣金的面为背面），使用彩色记号笔将星空图案绘制至顶篷表面。

图 5-2-12 通过投影方式完成图案设计

> ❗ **注意：**
> 绘制星空顶篷要求杂而不乱，不能横平竖直，也不可出现大面积没有星光的空白区域。

四、星空顶篷光导纤维束制作及安装

1. 光纤的选择

根据星空顶篷的展示效果要求选用光纤直径，常用的光纤直径有 0.5mm、0.75mm、1mm、1.5mm、2mm、2.5mm 等，如图 5-2-13 所示。可以选择单一直径的光纤，也可几种直径的光纤混用，这样显示效果更丰富些，形成明暗不同、星光闪闪的星空，但也不建议种类过多，一般应小于 3 种。

图 5-2-13　常用不同直径光纤

2. 打孔

根据选择的光纤直径，选取合适的钻头。当光纤直径小于 1mm 时一般要求钻孔的直径略大于光纤直径。当光纤直径大于 1mm 时，钻孔直径可与光纤直径相同。如 0.75mm、1mm 光纤可选 1mm 钻头，1.5mm 光纤选 1.5mm 钻头，2mm 光纤选 2mm 钻头。过大的孔洞将导致光纤容易移动，影响后期使用。

可以使用专用工具在顶篷上需要有星光的位置都加工出孔洞。若无专用工具可以使用手电钻或锥子进行打孔，如图 5-2-14 所示。打孔时，尽量按照与光纤光源机距离由近及远的顺序打孔。孔与孔之间的距离一般 5~20cm 为宜。打孔时注意在顶篷外露一侧不要产生过多毛刺，影响美观。

如果需要流星显示功能，则流星线条图案上孔距应小一些，一般在 5~10mm 之间。

图 5-2-14　使用工具在汽车顶篷上打孔

如果为繁星图案位置，使用打孔器进行打孔，如图 5-2-15 所示，间距一般为 10~20mm。打孔器直径需要略大于光导纤维的直径，过大的孔洞会导致光导纤维容易移动。

图 5-2-15　繁星图案打孔

❗ **打孔时的注意事项：**

　　①使用打孔器打孔时必须保证与顶篷垂直，不可倾斜。

　　②绘制流星图案的时候，绘制线必须笔直，不可出现弯曲，否则后期流星效果会出现弯曲，流星绘制的地方最好在平面上，不宜绘制在凹凸不平的位置。

3. 插入光纤

　　在顶篷实训工作站上有多个光纤卷盘，可用手拉出合适粗细的光纤，按设计方案，从顶篷背后方向插入对应孔洞，并穿出顶篷，光纤穿出顶篷外露 20mm 为宜。可根据光纤穿过的孔洞与光纤光源机的大概距离，适当预留长度后剪断光纤。然后进行后续光纤插入工作，直到完成全部光纤安装。

　　对于流星线条上的光纤不能随意插入，需要按照光纤光源机流星 LED 发光顺序，按顺序插入光纤，否则无法实现流星效果，如图 5-2-16 所示。同时必须按照光纤光源机说明书要求分组插入光纤，整理成多个小匝光纤束分别连接到光纤光源机流星 LED 发光孔上。

图 5-2-16　流星顶篷插入光纤

　　安装繁星顶篷时则可根据图案的形状，选择合适规格的光导纤维，从顶篷背面穿入，至顶篷正面穿出，并向外延伸 20cm 左右长度，如图 5-2-17 所示。

热熔胶枪
使用方法

图 5-2-17　繁星顶篷插入光纤

4. 固定并理顺光纤

当光纤完成插入后需要使用耐高温的热熔胶固定每一根光纤。除了使用热熔胶以外，还可以选用 UV 胶、玻璃胶以及 306 速干胶用于光纤固定，但不要用 502、AB 胶这类有腐蚀性或高热量的胶，会严重损坏光纤，影响星空顶篷的效果。

如为流星顶篷光纤，将流星顶篷光纤按照一个方向按压，使用热熔胶枪配合热熔胶棒在顶篷和光纤接触面将光纤固定，如图 5-2-18 所示。注意：需控制热熔胶枪的温度，温度过高会熔断光纤，温度过低无法进行粘贴固定。

图 5-2-18　流星顶篷光纤接触面固定

如为繁星顶篷光纤，需使用热熔胶枪固定繁星光纤，确保每根光纤都已安全固定，不可出现松动以及遗漏，如图 5-2-19 所示。

除在孔洞附近用胶固定光纤外，还需每隔 150mm 用热熔胶固定光纤其他部分，再用美纹纸覆盖保护光纤，防止车身钣金件刮伤光纤，如图 5-2-20 所示。安装光纤束时也同样要用美纹纸将光纤束固定好。要求比较高时，可以在光纤束上贴海绵或布，以起到隔声降噪的效果。

在固定光纤的同时将光纤理顺，并汇集成光纤束。然后使用胶带进行包扎，安装光纤光源机配套的连接结构，保证紧固后的光纤不能被拉出，如图 5-2-21 所示。做好端面处理后装到光纤光源机发光接口上。光纤束布置应避开天窗位置，以免损坏光纤或发生运动干涉。

图 5-2-19 繁星顶篷光纤接触面固定

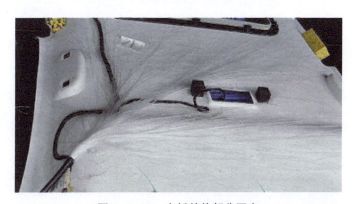

图 5-2-20 光纤其他部分固定

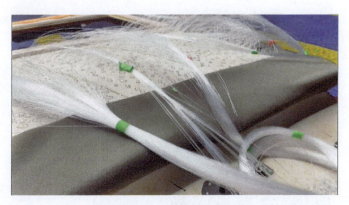

图 5-2-21 理顺光纤并固定

5. 修剪光纤

光纤固定理顺工作完成后，需要将顶篷上外露的光纤多余部分修剪平整。修剪工具一般可用电工斜口钳或大尺寸的指甲钳，如图 5-2-22 所示。修剪后光纤可外露 1~2mm，一般以不影响顶篷外观为宜。

图 5-2-22　修剪光纤

五、星空顶篷测试和装复

在顶篷实训工作站进行通电测试，需要检查确认每一根光纤均能导光。如果光纤不能实现预定功能，需要进行整改排除故障。

在顶篷实训工作站测试完成后，就可以将顶篷重新安装到车上。在装复顶篷之前先将光纤光源机固定，连接并固定好光纤束。连接好光纤光源机电路，并测试无误。使用新的胶钉卡到顶篷的胶钉安装孔内安装顶篷。找到收集保存好的汽车顶篷相关附件，按照与拆卸相反的顺序进行装复。在顶篷及附件安装过程中注意不要弄脏或损坏顶篷，保证施工质量。

1. 安装流星光纤

1）接通光纤光源机电源，找到光纤光源机流星一侧，查看流星的顺序，判断出 1 号初始点位和 10 号结束点位。光纤光源机有 10 个点位，是从 1 号初始点位开始闪烁至 10 号结束点位终止，这样才能达到流星闪烁的效果，如图 5-2-23 所示。

图 5-2-23　光纤光源机流星点位确定

2）整理流星光纤。由于光纤光源机分为 10 个点位，所以需要将流星光纤也分为 10 份。比如一根 30cm 长的流星，上面安装了 30 根光纤，需要将 30 根光纤分成 10 份，每份光纤为 3 根，使用美纹纸将每份光纤固定并使用标签纸进行标注，如图 5-2-24 流星光纤分类标签。

图 5-2-24　流星光纤分类标签

3）所有标注 1 号标签的光纤整理后，光纤最前端使用剪刀进行修剪，保证前端横切面齐平，插入光纤光源机 1 号点位固定，如图 5-2-25 所示。如横切面不平整，将造成光纤接触面积不同，光纤亮度也不同。依次类推将所有光纤固定至光纤光源机。

图 5-2-25　光纤插入点位固定

2．安装繁星光纤

安装繁星光纤，找到光纤光源机繁星一侧，将所有繁星光纤整理至繁星光纤光源机内，保证横切面平整，不可遗漏，如图 5-2-26 所示。

图 5-2-26　安装繁星光纤

3. 修剪光纤

使用斜口钳修剪正面多余的光纤，要求修剪过的光纤与顶篷表面持平，如图 5-2-27 所示。光纤预留过长会扎人并影响美观，光纤预留太短，光纤的亮度会降低，影响光纤的光源。

图 5-2-27　修剪光纤

4. 效果测试

最后使用遥控器控制测试星空顶篷的整体效果，如图 5-2-28 所示。如有光纤预留过长，可继续修剪，如图 5-2-29 所示。施工结束后要做好车内清洁和座椅归位、工具整理等后续工作。

图 5-2-28　星空顶篷效果

图 5-2-29　继续修剪光纤

汽车车身内饰升级改装

➡ 项目导入

　　汽车车身内饰主要指汽车内部改装所用到的汽车部件，涉及汽车内部的方方面面，比如汽车方向盘套、车门嵌入板、车门立柱、遮阳板、车顶篷蒙板、后窗台板、行李舱侧壁板、车门储物盒、驾驶座椅后壁、行李舱盖、仪表板、行李舱门、座椅、脚垫、地毯、安全带等等都是汽车内饰产品。本项目的作用在于增加车内造型美观性、提高舒适性、确保乘员的安全。随着汽车逐渐普及到每一个普通家庭，人们不仅重视车辆的驾驶性能，越来越多的人也开始关注车辆如何才能既好看又舒适。汽车车身内饰改装是提高乘客舒适性的一种方式。在"双碳"战略的驱动下，汽车行业发展走向绿色环保时代。随着汽车环保理念的日益深化，车身内饰融入更多科技元素，进一步向着轻量、环保、健康的趋势发展，为汽车注入绿色新内涵，提升低碳环保核心竞争力。

　　汽车内饰改装是指对汽车内部零部件进行改装，以提高车辆的舒适性和实用性，同时保证功能性和工程属性的完整性。内饰改装能够美化内饰环境。环境会对人产生重要的生理及心理影响。为了你有一份好心情，千万别忘记美化你的汽车内饰。内饰改装可以让您拥有健康，汽车内饰美容将会成为您健康的保护神。内饰改装可以延长车辆使用寿命，可以大大延长内饰件的使用周期。在本项目中，我们将学习如何进行汽车车门与仪表板真皮包覆升级；如何进行立柱翻毛皮包覆；如何进行方向盘的更换及包覆；如何进行内饰塑料件喷漆改色。

　　随着汽车市场蓬勃发展，汽车的产销量和保有量不断提高，汽车后服务市场也随之发展起来，车主对汽车不仅有功能性、美观性、环保性要求的提升，对汽车内饰装潢的要求也日趋个性化。在本项目中，我们将通过任务描述，阐述汽车内饰升级改装的要求，并进行任务分析，引领学生分步骤完成任务点。本项目讲解了针对汽车内饰升级改装的相关知识，帮助学生拓展思维，并通过任务实施，将理论融于实践，通过知识链接，完成课后提升，温故而知新。

任务一　汽车车门内饰与仪表板真皮包覆

📝 任务导入

在汽车内饰改装的中高档项目中，车门内饰和中控仪表板是最常改装的部分，对汽车整车主题效果的提升有着不可缺的作用。符合车主自身个性的装潢能使人感到舒适愉快，提高汽车的档次及满足消费者的个性化需求。通过对汽车车门、仪表板包覆材料特性的认识，采取恰当的包覆工艺，完成真皮材料在汽车车门内饰板、汽车仪表板的包覆，施工后真皮材料能服帖地贴在内饰板和仪表板表面，无皱纹，无变形。

在对车门内饰和仪表板进行改装过程中，需要了解车门内饰、仪表板组成及功用、仪表板材质、汽车卡扣的种类，并且熟悉改装过程中所用的材料及工具设备。同时能够根据客户需要设计整体风格，熟练掌握材料选取、改装施工技巧以及具备环保意识。

📝 学习目标

知识目标

1. 了解车门内饰和仪表板的主要组成。
2. 掌握车门内饰和仪表板材质的分类。
3. 掌握车门内饰和仪表板改装的工序。
4. 掌握车门内饰与仪表板真皮包覆技术要领。

技能目标

1. 能正确拆装车门内饰与仪表板部件。
2. 能正确使用工具去除汽车原有内饰和仪表板表面结构。
3. 能正确对汽车车门内饰进行真皮包覆。
4. 能正确对汽车仪表板进行真皮包覆。

素养目标

1. 培养学生一丝不苟、精益求精的工匠精神。
2. 培养学生团结协作、爱岗敬业的敬业态度。
3. 培养学生勇于实践、勇于创新的开拓精神。
4. 培养学生艰苦朴素、任劳任怨的劳动精神。
5. 培养学生安全生产、规范操作的安全意识。
6. 培养学生绿水青山就是金山银山、节能减排的环保意识。
7. 培养学生诚实守信、依法生产的法律观念。

知识链接

一、车门内饰板的结构组成

车门内饰板总成的主要功能是覆盖车门钣金，通常由上饰板和中饰板组成（图 6-1-1），与仪表台等内饰协调一致，有一定的储物空间，为乘员提供一个安静、舒适的乘坐环境，在发生侧面碰撞时，有一定的吸能作用，以减少乘员被伤害的可能。

上饰板通常包覆表皮，表皮的主要作用是保证上饰板与仪表板风格一致，使内饰格调统一。

中饰板是人手侧向接触件，是车门内饰板重要的组成部分，有时扶手和中饰板为一体，它的作用主要是装饰和提供舒适的胳膊休息空间。中饰板一般覆合有面料或表皮。

图 6-1-1　车门内饰板结构

车门内饰板的上饰板和扶手（扶手一般与中饰板为一体）覆合表皮，在表皮与骨架间填充发泡层（或与表皮组合为一体）。

上饰板和扶手本体通常是注塑而成的，原材料多用 PP 类或 ABS 等。对于中高端市场的轿车，其扶手一般采用软质的包覆材料，如纺织材料、PVC、PU 或真皮，使用这些包覆材料是为了提供好的外观，以及增加使用者的舒适感。这些包覆材料背面可以带等厚均匀的泡绵以增强扶手柔软的手感。

包覆材料可以用多种方式包覆到骨架上，常用的有手工包覆、真空吸覆。用这些工艺进行包覆均需用到胶水（当然胶水必须符合汽车内饰材料的要求），这就产生了胶粘层。

二、汽车仪表板组成

仪表板是汽车内饰中结构最为复杂、零部件数量最多的总成零件。作为汽车的控制中心和装饰焦点，仪表板集技术和艺术于一身，它的外观质量和风格差异决定了客户对整车内饰的评价。

中控仪表板总成作为汽车座舱系统的重要组成部分，一般而言，由以下几部分组成：仪表板本体、各种电器仪表、开关、音响娱乐系统及附件、通风系统、前排乘员侧安全气囊、杂物箱、装饰面板、金属加强梁以及各种各样的电子线束等，如图 6-1-2 所示。

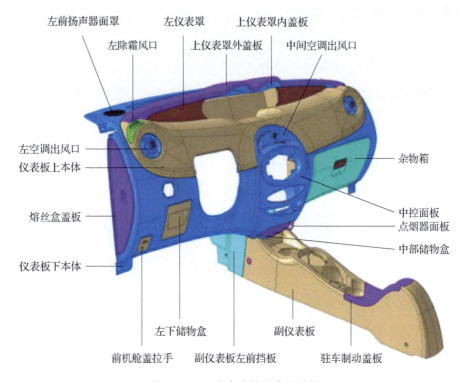

左前扬声器面罩　左仪表罩　上仪表罩内盖板
左除霜风口　上仪表罩外盖板　中间空调出风口
左空调出风口
仪表板上本体
杂物箱
熔丝盒盖板
中控面板
点烟器面板
仪表板下本体
中部储物盒
左下储物盒　副仪表板
前机舱盖拉手　副仪表板左前挡板　驻车制动盖板

图 6-1-2　汽车中控仪表板结构

三、车门内饰与仪表板的常见材质

车门内饰与仪表板通常使用相同的装饰风格和装潢材料。仪表板按舒适性可分为硬塑仪表板、软塑仪表板。

1. 硬塑仪表板

仪表板本体大部分是用注塑工艺制成的硬塑仪表板，因其工艺简单、价格低等优势而被广泛应用，尤其是中低档车大多采用硬塑仪表板，如图 6-1-3 所示。

图 6-1-3　汽车硬塑仪表板

2. 软塑仪表板

软塑仪表板是在注塑骨架外吸附并粘贴复合表皮，使其外观有皮质感，同时在骨架和表皮之间填充聚氨酯泡沫，吸塑表皮的背面也可以直接附带一层泡沫，这样既能够增强触感又可以提高吸收能量的能力。

目前，仪表板表皮主要有真空热成形表皮和搪塑表皮。前者是传统的仿真皮工艺制成；后者在近年因其花纹均匀、无内应力、设计宽容度高等特点被广泛应用，并得到客户高度认可，已经成为中高档车主流配置。

3. 真皮包覆

随着人们对于汽车内饰审美要求的不断提高，真皮包覆工艺在高档轿车上被越来越多地应用。真皮包覆工艺采用天然动物皮革作为仪表板表皮的材料。目前最普遍的工艺方法是将皮革缝合后采用手工包覆，如图6-1-4所示。

4. 木质或者仿木质材料

木质或者仿木质材料是轿车内装饰的主要材料之一，镶嵌在仪表板、中控板（副仪表板）、变速杆头、车门扶手、方向盘等地方。目前流行木质或仿木质内饰，以体现轿车的装饰高档化。

图6-1-4 真皮包覆仪表板示意图

轿车内饰所使用的木质材料一般为胡桃木和花梨木，多用胡桃木，这些木材的优点是纹理优美、坚韧、不会变形。因此，一些高中档轿车用胡桃木做内饰材料，配上真皮面料座椅、丝绒内饰面料等，相辅相成，尽显一种优雅与华贵的气氛。

仿木质装潢是指在仪表板和副仪表板塑料零部件的表面覆合一层带木纹效果或其他效果的装饰膜，由于装饰膜贴合紧密、效果逼真、表面耐磨耐刮性能强，所以堪与实木效果媲美。

除了木质或者仿木质材料之外，现在还有如镀铬、金属漆之类的材料，且已成为内饰装饰的重点。加入这些元素后，提升了车内的豪华感和庄重感。

对于木质或者仿木质材料装饰面板，要达到木纹效果，多使用的工艺有模内装饰、水转印以及真木等工艺。

四、车门内饰与仪表板包覆常用改装用品

1. 胶水

胶水是连接两种材料的中间体，多以水剂出现，属精细化工产品，种类繁多，主要以粘料、物理形态、硬化方法和被粘物材质来进行分类。

常见的有瞬间胶（例如常见的 1203 瞬干胶与氰基丙烯酸乙酯瞬间强力粘接剂）、环氧树脂类粘接剂、厌氧胶水、UV 胶水（紫外线光固化类）、热熔胶、压敏胶、乳胶类等。

在汽车内饰装潢中，胶水用来粘贴内饰部件与皮料，使接触面更加紧贴。

1）粘接工艺。由于胶水和被粘物的种类很多，所采用的粘接工艺也不完全一样，概括起来可分为：

① 胶水的配制：在使用过程中，务必严格按照胶水配制比例进行配制，参见胶水使用说明书。例如某品牌胶水其成分及配制比例为白色乳胶：稀释剂：固化剂 =6：1：0.3。

② 被粘物的表面处理。

③ 涂胶。

④ 晾置，使溶剂等低分子物挥发凝胶（仅限于一些特殊胶水，一般的胶水不用晾置）。

⑤ 叠合加压。

⑥ 清除残留在制品表面的胶水（施胶时注意点这一步就可以避免）。

2）胶水材料说明

①白色乳胶：所使用的乳胶应具有低变应原、抗菌和抗尘特性，为无毒的环保粘接剂。pH 值要在 7~7.2 之间。

②稀释剂：用来稀释胶水。

③固化剂：会使胶水加速交联反应，是一类增进或控制固化反应的物质。

2. 喷枪

喷枪是利用液体或压缩空气迅速释放作为动力的一种设备，如图 6-1-5 所示，用来喷涂专用的胶水和色漆。

空气喷枪是利用压缩空气为源动力，经空气喷枪内部再由风帽处喷射出来，并在喷嘴前端产生极强的负压，将胶水从喷嘴内吸出。胶水在压缩空气高速喷射力的作用下，被雾化成细小液滴，均匀地喷洒在工件表面。对于不同的胶水和喷涂位置需要选择不同口径的喷枪，具体如下：

1）高黏度高浓度的胶水

①大面积喷涂应选择大口径的喷枪来喷涂，这样容易出胶水，

图 6-1-5　常用空气喷枪

一般选择特制的口径为 3.0~4.0mm 的喷枪。

②小面积喷涂应选择常见的圆形喷雾喷枪，口径在 1.3~1.5mm 之间。

2）一般浓度的粘接剂。点胶枪适合手工点胶使用，常用于粘接小边角类产品。

3）水性胶水（浓度低）。此种胶水可以对照油漆来选择喷枪，一般口径在 1.0mm 左右即可。

4）在仪表台装潢操作中，推荐选用口径为 1.3mm~1.8mm 的喷枪。

3. 热风枪

热风枪主要用于板件的收缩作业，还可以用于缩短干燥时间。在本项目中，它用于辅助贴敷，使胶水更加均匀。

任务实施

实训准备

1. 实训人员必须穿戴相应的防护用品（工作服、口罩、防护手套、护目镜等）。

2. 开展实训作业之前对汽车外观做好必要的防护（发动机舱盖、翼子板、车门等），以免操作过程中划伤车漆。

3. 严格按照工艺流程操作。

4. 准备好需要的工具、设备（组合工具 1 套、卡扣拆装工具 1 套、剪刀 1 把、美工刀 1 把、软尺 1 个、电热风枪 1 把、喷枪 1 把、砂纸、铅笔等）。

实训时间

90 分钟

一、汽车仪表板的拆卸

1）断开蓄电池电源：先断开汽车蓄电池负极，再断开正极，避免在拆卸作业过程中因短路损坏车辆电气设备。

2）拆卸中央扶手箱：先确认相应螺栓与卡扣的位置，使用专用工具进行拆卸；拆卸过程中避免损伤零部件；拆卸下来的螺栓与卡扣应整理包装好，并做好标记。

3）拆卸变速杆把手：先确认相应螺栓与卡扣的位置，使用专用工具进行拆卸；拆卸过程中避免损伤零部件，如图 6-1-6 所示。

4）拆除中央出风口及边饰件，如图 6-1-7 所示。

图 6-1-6　拆卸变速杆把手

5）拆卸储物箱总成及边饰件，如图 6-1-8 所示。

图 6-1-7　拆除中央出风口及边饰件

图 6-1-8　拆卸储物箱总成及边饰件

6）拆卸方向盘。

①先确认相应螺栓与卡扣的位置，拆卸方向盘时要先拆掉安全气囊总成。

②使用专用工具进行拆卸，拆卸过程中避免损伤零部件。

③拆卸下来的螺栓应整理包装好并与零件一起放置。

④拆卸方向盘后，在转向柱螺栓与方向盘上做好定位标记。

⑤用胶带密封方向盘、转向柱，避免粉尘污染，如图 6-1-9 所示。

图 6-1-9　拆卸方向盘

7）拆卸仪表板：使用专用工具进行拆卸，拆卸过程中避免损伤零部件，拆卸下来的螺栓应整理包装好并与零件一起放置，如图 6-1-10 所示。

8）拆卸灯光与刮水器开关总成。

9）拆卸仪表台架。

①先确认相应螺栓与卡扣的位置，使用专用工具进行拆卸。

②拆卸过程中避免损伤零部件。

③拆卸过程中要注意空调出风口零件不要受到挤压，避免出现损坏与变形。

④ 拆卸下来的线束要分类做好标记，零件插头可以用手机、相机拍照，留好记录，以方便后续安装，如图6-1-11所示。

10）零部件整理。

①将拆卸的线束与插头做好对应标记，方便后续安装。

②拆卸下来的零件要与螺栓、螺钉、卡扣放置在一起，并做好记号；拆卸的零部件要规范放置，不能随意乱放。

图 6-1-10　拆卸仪表板操作示意图

图 6-1-11　拆卸仪表台架

③内饰件拆卸下来以后，可以用箱子集中分类放置，如图6-1-12所示。

④所有拆卸下来的内饰件与零部件，运输过程中要做到规范、安全，避免内饰件与零部件在运输过程中出现损伤。

⑤所有拆卸下来的内饰件与零部件要根据后续工序整理分类放置，方便后续工序的开展，如图6-1-13所示。

⑥将部分内饰件上的附件拆除，并用胶带包好，做好记号，方便后续工序作业。

车门内饰的拆卸

图 6-1-12　内饰件用箱子集中分类放置　　图 6-1-13　零部件按工序整理分类放置

二、汽车仪表板包覆过程

1. 皮料的制版与裁剪

（1）对中控仪表台表面进行打磨　要先将中控仪表台上的出风口、装饰面板等小零件拆下来，并与相应的螺栓、卡扣做好标记。

为了提高中控仪表台表面的附着力，改善后续贴皮工序的质量，打磨时一定要细致到位，如图 6-1-14 所示。

（2）中控仪表台取样　为了保证所取样板的精度，无纺布与仪表台表面用双面胶进行粘贴，使无纺布与仪表台表面贴合更紧密，如图 6-1-15 所示。

 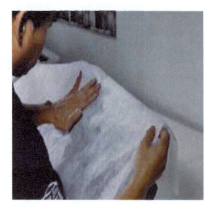

图 6-1-14　中控仪表台表面打磨操作示意图　　图 6-1-15　中控仪表台取样操作示意图

（3）画线　无纺布与仪表台表面贴合紧密后，用铅笔沿仪表台表面边缘轮廓进行画线，并在连接处、长线中间处等位置做好标记，如图 6-1-16 所示。

（4）裁切制版　用划刀或剪刀沿铅笔所描轮廓线外延大于 20mm 处对无纺布进行裁切，裁切时，不要割伤仪表台表面。裁切好以后，取下无纺布时，不要让无纺布样板出现破损，如图 6-1-17 所示。

图 6-1-16　样板制作画线　　　　　　　图 6-1-17　样板制作裁切

（5）皮料取样

1）用压块在皮料上压住样板，依据样板件上记号笔所做标记，在皮料上用记号笔做出相应的标记，如图6-1-18所示。

2）根据仪表台原型的边缘是否有收边口、接口来确定皮料上取样的样品边缘是否外延。切割时，有收边口、接口的位置在皮料上取样时，需由边缘向外延伸10mm；没有收边口、接口，则不需要外延。皮料裁剪取样如图6-1-19所示。

图6-1-18 皮料取样标记

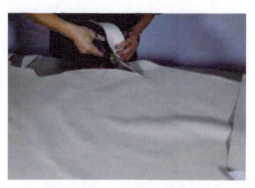

图6-1-19 皮料裁剪取样操作

2. 贴皮

（1）表面研磨（图6-1-20）

1）先用干磨机对内饰件表面进行快速研磨，再用砂纸进行细致打磨，以达到更好的研磨效果，确保贴皮时，皮革与内饰件表面贴合更紧密。

2）内饰件的边沿位置也要打磨到位，背面边缘10~15mm处也要打磨，作为皮革包裹的收边位。

3）打磨后用气枪清理内饰件，吹掉一些细小的杂物。

（2）表面清洁 先清除中控仪表台灰尘，可使用除尘的刷子稍微去除中控仪表台上的灰尘。然后向中控仪表台喷泡沫清洗剂。如果中控仪表台比较脏污，可以适量多喷一些泡沫清洗剂。最后擦拭中控仪表台，待泡沫散去一点即可使用干布擦拭中控仪表台，擦拭时让泡沫完全消失即可。

（3）喷涂胶水 中控仪表台表面与皮革的粘贴面都要均匀地喷涂胶水，可进行两次或者多次喷涂，确保每一个粘贴部位都有胶水，防止贴合以后，出现气泡和凸起，如图6-1-21所示。

（4）张贴皮料

1）拉伸皮料张贴到仪表板表面，用刮刀从中间向四周刮平，并用手指按压皮料表面，以确保皮料与内饰件表面贴合紧密，如图6-1-22所示。

2）皮料张贴以后，将边沿多余的皮料裁剪掉，留出超过内饰件边缘10~15mm的皮料用于收边。

图 6-1-20　仪表台表面研磨

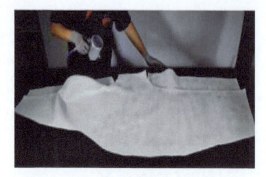

图 6-1-21　皮料喷涂胶水操作示意图

（5）平整修边

1）将内饰件空陷的位置用美工刀割除。

车门内饰的包覆

2）用热风枪加热皮革表面，以增强皮料的延展性，并用手指和刮刀按压抚平皮革表面，清除皮革的凸起与褶皱，让皮革与内饰件贴合更紧密，如图 6-1-23 所示。

3）平整后贴合不严密的地方可重新补喷胶水，再一次进行调整。

4）若收边位置有褶皱，可以用美工刀进行割除修整。

图 6-1-22　皮料拉伸张贴

图 6-1-23　使用热风枪平整修边

（6）验收检查　用手抚摸已经张贴好皮革的内饰件表面，检查所张贴的皮革是否与内饰件贴合紧密，检查皮革收边是否完好平整。

三、汽车仪表板的恢复安装

1）安装中控台总成。

①先确认相应螺栓与卡扣的位置，使用专用工具进行安装。

🔰 **安装注意事项：**

安装过程中避免损伤零部件；安装过程中要注意空调出风口零件不要受到挤压，避免出现损坏与变形。

②根据线束标记，安装中控仪表台插头，将改装过的螺栓与卡扣安装到相应位置。

安装注意事项：

　　注意安装的先后顺序；安装好以后，检查安装件卡扣是否安装到位，零部件之间间隙是否超过 0.5mm。避免零部件受到挤压，避免出现损坏与变形。

2）安装灯光与刮水器总成，应使用专用工具进行安装。

安装过程中应注意：

　　避免损伤零部件；安装过程中使用对应的螺栓。

3）安装方向盘（图 6-1-24）。

①先确认相应螺栓与卡扣的安装位置，使用专用工具进行安装，安装过程中避免损伤零部件。

②根据拆卸时在转向柱螺栓与方向盘上做好的记号，对应安装方向盘。

③安装气囊时要避免用力敲击，安装过程中要使用对应的螺栓。

4）安装储物箱总成及边饰件

①使用专用工具进行安装，安装过程中避免损伤零部件。

②将改装过的螺栓与卡扣安装到相应位置，注意安装的先后顺序，安装效果如图 6-1-25 所示。

图 6-1-24　安装方向盘　　　　　　图 6-1-25　储物箱总成及边饰件安装效果

5）安装中央扶手箱、变速杆手柄和安全气囊总成（图 6-1-26）

①先确认相应螺栓与卡扣的安装位置，使用专用工具进行安装。

②安装过程中避免损伤零部件。

③根据标记将相应的螺栓与卡扣安装上。

④安装好以后，检查安装件卡扣是否安装到位，零部件之间间隙是否超过 0.5mm。

6）竣工检查

①检查全车电气设备是否正常，是否能正常使用。

②检查车身内饰是否有异响、噪声等情况。

③检查车身内饰件整体改装效果，是否与客户要求一致，如图 6-1-27 所示。

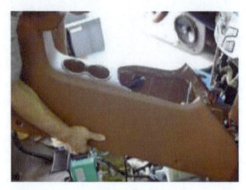

图 6-1-26　安装中央扶手箱及其附件示意图

图 6-1-27　中控仪表台包覆竣工检查

任务二 立柱内饰翻毛皮包覆

✏️ 任务导入

　　汽车立柱饰板可以增加乘客的舒适度，提供优雅的内饰外观。立柱饰板对钣金件、车身零件、电子线束和电器零件等提供了经久耐用的包覆功能。汽车在使用过程中，立柱饰板难免会出现脏污、老化、脱色甚至裂纹等缺陷，这样如果要保持乘客的舒适度，就需要对立柱饰板进行翻新处理。通过对翻毛皮料特性的认识，采取恰当的包覆工艺，完成翻毛皮料在汽车各个立柱饰板的包覆操作，施工后的翻毛皮料能服帖地贴在立柱饰板表面，无褶皱，无变形。

　　立柱饰板由于美观的要求，一般安装方式比较特殊，不同车型拆装方法都不同，需要参考相关资料后再操作，防止损坏饰板本身。各个立柱饰板外形复杂多样，包覆过程中应防止出现皮料损坏或褶皱的情况。

✏️ 学习目标

知识目标

1. 了解汽车各立柱内饰板的结构特点。
2. 掌握选择汽车立柱内饰板包覆材料的方法。
3. 掌握汽车立柱内饰板拆卸和安装方法。
4. 掌握汽车立柱内饰板翻毛皮包覆方法。

技能目标

1. 能正确制定适当的立柱翻新包覆方案。
2. 能正确使用工具对汽车各立柱内饰板进行拆装。

3. 能正确进行汽车立柱内饰板样板的制作。

4. 能正确对汽车立柱内饰板进行翻毛皮裁剪和包覆。

素养目标

1. 培养学生一丝不苟、精益求精的工匠精神。

2. 培养学生团结协作、爱岗敬业的敬业态度。

3. 培养学生勇于实践、勇于创新的开拓精神。

4. 培养学生艰苦朴素、任劳任怨的劳动精神。

5. 培养学生安全生产、规范操作的安全意识。

6. 培养学生绿水青山就是金山银山、节能减排的环保意识。

知识链接

一、车身立柱的作用及分类

车身的立柱起着支撑风窗和车顶的作用，一般下部做得粗大，上部的截面尺寸需要考虑驾驶视野而缩小。通常，立柱包括前柱（A 柱）、中柱（B 柱）与后柱（C 柱）三种，如图 6-2-1 所示。立柱饰板可以增加乘客的舒适度，提供优雅的内饰外观。立柱饰板对钣金件、车身零件、电子线束和电器零件等提供了经久耐用的包覆功能，并可为功能件如杯托、储物盒、喇叭罩提供装配载体。

图 6-2-1　汽车各立柱位置示意图

另外，在旅行车、SUV、MPV 或者一些大型乘用车上的后小窗和后风窗玻璃交接处，还会再有一后立柱（D 柱）。设计师考虑前柱几何形状方案时还必须考虑到前柱遮挡驾驶者视线的角度问题。中柱（B 柱）不但支撑车顶盖，还要承受前、后车门的支承力，在中柱上还要装置一些附加零部件，例如前排座位的安全带，有时还要穿电线线束。因此中柱大都有外凸半径，以保证有较好的力传递性能。

后柱（C柱）与前柱（A柱）、中柱（B柱）不同的一点就是不存在视线遮挡及上下车障碍等问题，因此构造尺寸大些也无妨，关键是后柱与车身的密封性要可靠。

二、立柱饰板材料介绍

立柱装饰板通常采用高流动性、高刚性、抗冲击性良好的 PP、ASA、AES 等材料，或者带面料注塑件，也有少量采用热压成型件，如图 6-2-2 所示。面料可采用 PVC 人造皮革、PU 人造革等材料。立柱装饰板表面色泽必须与车内整体颜色协调，要求防静电、耐磨、美观。

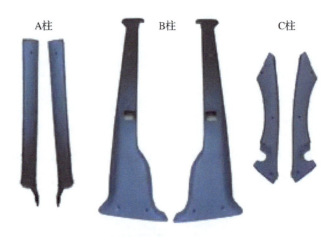

图 6-2-2　汽车立柱内饰板形状示意图

三、翻毛皮

1. 翻毛皮

翻毛皮是使用动物皮毛经过特殊工艺处理制作而成的材质。它是牛皮制品的不光滑的一面，一般翻毛皮都是两面进行加工，翻毛皮透气性和舒适性都比较好，而且比较美观，但是比较容易脏，清洗翻毛皮时需要涂抹清洁剂，然后使用湿润的海绵慢慢擦拭即可。

翻毛皮也称为反毛皮（图 6-2-3），其两面呈现不同质感，一面为光滑的皮革，另一面为不光滑绒毛面，翻毛皮大多都用于绒面皮制品。

图 6-2-3　翻毛皮

2. 翻毛皮特点

翻毛皮舒适度较好，并且透气性较好，耐磨耐用，但是翻毛皮不容易保养，容易附着污垢，而且翻毛皮遇水后会导致绒毛出现倒伏状，舒适感会下降，需要慢慢梳理，使表面绒毛柔顺光滑。

3. 清洗方法

翻毛皮上出现污垢时，需要使用湿抹布慢慢擦拭污渍处，然后涂抹一些清洗剂，继续揉搓，待污渍消除后，再使用海绵将绒毛表面上残留的清洗剂吸附出来，最后使用干抹布擦拭干净即可。

任务实施

实训准备

1. 实训人员必须穿戴相应的防护用品（工作服、口罩、防护手套、护目镜等）。

2. 开展实训作业之前对汽车外观做好必要的防护（发动机舱盖、翼子板、车门等），以免操作过程中划伤车漆。

3. 严格按照工艺流程操作。

4. 根据工艺要求准备所需的工具、设备。

实训时间

90 分钟

一、汽车立柱内饰板的拆卸

1. 断开蓄电池电源

先断开汽车蓄电池负极，避免拆卸过程中因短路损坏车辆电气设备。

2. 拆卸 A、B、C 柱内饰板及附件

1）先确认相应螺栓与卡扣的位置。

2）拆开车门密封条，方便拆卸作业。

3）使用专用工具进行拆卸，拆卸过程中避免损伤零部件，如图 6-2-4 所示。

4）拆卸下来的卡扣应整理包装好，与零件一起放置。

3. 零部件整理

1）将拆卸下来的线束与插头做好对应标记，方

图 6-2-4　拆卸立柱内饰板示意图

便后续安装。

2）拆卸下来的零部件要与螺栓、螺钉、卡扣相应放置，并做好记号；拆卸的零部件要规范摆放，不能随意乱放，如图 6-2-5 所示。

3）内饰件拆卸下来以后，可以用箱子集中分类放置。

4）所有拆卸下来的内饰件要根据后续工序，整理分类放置，方便后续工序的开展，如图 6-2-6 所示。

5）将部分内饰件上的附件拆除，并用胶带包好，做好记号，方便后续工序作业。

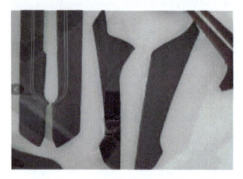
图 6-2-5　拆卸的零部件要规范摆放

图 6-2-6　拆卸的内饰件整理分类放置

二、汽车立柱内饰板的翻毛皮包覆（以 C 柱内饰板为例）

1）塑料件打磨，使用内饰清洁剂配合内饰刷对塑料件表面进行清洗，如图 6-2-7 所示。

2）使用 600 目水磨砂纸进行打磨（图 6-2-8），必须全部打磨至失光效果，边角同样需要打磨，目的是增加塑料件的附着力，打磨时不必考虑塑料件表面纹路。

图 6-2-7　塑料件打磨

图 6-2-8　使用 600 目水磨砂纸打磨

3）面料打版，将翻毛皮平铺于实训台表面，将塑料件放置于翻毛皮表面上方，根据塑料件的尺寸，使用剪刀修剪翻毛皮尺寸大小，翻毛皮尺寸要大于塑料件，单边最少预留20mm，用来包边包角，如图 6-2-9 所示。

4）使用毛刷或者喷枪在塑料件表面涂抹高锰酸钾水溶液（俗称 PP 水），增加胶水的附着力，如图 6-2-10 所示。

图 6-2-9　面料打版

图 6-2-10　涂抹高锰酸钾溶液

5）将胶水及固化剂倒入量杯内，按照 100：5 比例混合，使用搅拌棒搅拌均匀后，静置 5min，如图 6-2-11 所示。

6）使用 400 目滤纸过滤后将胶水倒入喷枪，如图 6-2-12 所示。

图 6-2-11　混合搅拌静置胶水

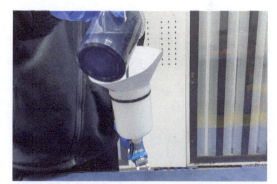

图 6-2-12　将过滤后的胶水倒入喷枪

7）在废旧顶篷布上进行试喷，调整喷枪幅度以及出气量，如图 6-2-13 所示。

8）打开通风设备，使用喷枪对塑料件正面和翻毛皮背面均匀喷涂胶水，可进行二次或者多次喷涂，喷枪距离塑料件及翻毛皮大约为 10~15cm，如图 6-2-14 所示。

图 6-2-13　试喷

图 6-2-14　喷涂胶水

9）使用喷枪对塑料件的背面均匀地喷涂胶水，背面亦可使用毛刷对需要包覆的边角均匀涂抹胶水，如图 6-2-15 所示。

❗ 以上操作注意事项：

①胶水必须喷涂均匀，不可出现飞丝、断断续续现象。

②翻毛皮实际喷涂面积必须大于塑料件的面积，翻毛皮需要包边包角。

③翻毛皮的正反区分，与塑料件粘贴在一起的面统称为翻毛皮背面，反之为翻毛皮的正面，或者翻毛皮正面有绒毛，背面没有绒毛。

④为了防止包边包角漏色及后期出现缩边现象，如边角包覆宽度尺寸为1cm，则胶水涂抹宽度必须大于1cm。

10）面料包覆，等待胶水完全固化（胶水固化时间约1h，根据天气温度不同略有差别），用手触摸胶水不会出现粘连即可，将翻毛皮覆盖放置于塑料件表面，调整翻毛皮前后左右位置将塑料件全部覆盖。

使用热风枪同时加热翻毛皮背面胶水和塑料件表面胶水，使胶水表面温度达到70℃左右，激活胶水黏性，如图6-2-16所示。

图6-2-15　涂抹胶水

图6-2-16　热风枪加热

11）根据塑料件形状用手慢慢地把翻毛皮抹平，如图6-2-17所示。

12）使用剪子或者壁纸刀将边缘多余的翻毛皮裁剪掉，如图6-2-18所示。

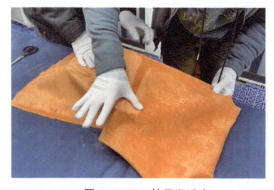

图6-2-17　抹平翻毛皮

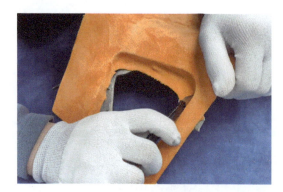

图6-2-18　裁剪翻毛皮

13）再次使用热风枪加热，释放应力、激活背胶，完成包边包角。如图6-2-19所示。

14）翻毛皮包覆出现鼓包、脱落或者粘接不牢的主要原因：

①打磨不到位。

②胶水喷涂不均匀。

③热风枪没有完全激活胶水黏性。

15）解决方法为：

①打磨的时候塑料件一定要打磨到位。

②喷涂胶水的时候一定要喷涂均匀。

③使用热风枪加热时，用大火均匀地进行加热，将胶水的黏性彻底激活，然后再包覆。

图 6-2-19 热风枪加热

三、汽车立柱内饰板恢复安装

1）整理需要安装的配件，不同位置立柱配件分开放置。

2）按照先易后难、先内后外、后拆部件先安装的顺序进行安装。

3）安装 A、B、C 柱内饰板。

先确认相应螺栓与卡扣的位置；使用专用工具进行安装；安装过程中要按照标记及时整理管路、线路、安全带部件，连接喇叭和扬声器的插头，同时避免损伤零部件，特别是安全气囊。

4）连接蓄电池电源。先连接汽车蓄电池正极，最后连接负极。安装过程中应避免因短路损坏车辆电气设备。

任务三 方向盘的更换及包覆

✏️ 任务导入

汽车方向盘是驾驶人员在日常驾驶车辆时皮肤接触最多的控制机构。方向盘外沿经常与驾驶人员的手掌摩擦，在长时间受到汗液和油脂的侵蚀后，方向盘容易出现变形、打滑、发黑、发霉和破损等现象。方向盘装潢是汽车内饰改装中最常改装的部分。通过对方向盘及翻新材料特性的认识，采取恰当的翻新工艺，完成包覆材料在汽车各类方向盘的包覆缝制，施工后包覆材料能服帖地贴在方向盘表面，外表美观，无松动打滑，不影响方向盘正常使用。

汽车方向盘是主要的汽车操纵装置，结构比较复杂，相关电气设备较多，拆装时应严格遵守操作规程进行操作，防止损坏相关部件。方向盘的包覆，在材料、工艺、外观、安全等方面都要考虑，包覆后不能影响方向盘正常使用。

学习目标

知识目标

1. 了解汽车方向盘的功能、构造及材料特点。
2. 了解汽车方向盘的装饰风格及材料特点。
3. 掌握汽车方向盘的拆卸和安装方法。
4. 掌握汽车方向盘包覆装潢方法。

技能目标

1. 能正确使用方向盘拆装专用工具开展拆装作业。
2. 能正确按照工作流程进行方向盘拆装。
3. 能正确按照工作流程进行方向盘包覆操作。
4. 能正确使用常用的缝制方法包覆方向盘。

素养目标

1. 培养学生一丝不苟、精益求精的工匠精神。
2. 培养学生团结协作、爱岗敬业的敬业态度。
3. 培养学生勇于实践、勇于创新的开拓精神。
4. 培养学生艰苦朴素、任劳任怨的劳动精神。
5. 培养学生安全生产、规范操作的安全意识。
6. 培养学生绿水青山就是金山银山、节能减排的环保意识。

知识链接

一、方向盘的功能

方向盘的功能主要是将驾驶人作用到方向盘边缘上的力转变为转矩后传递给转向轴，实现车辆转向。方向盘是非常重要的车辆配置，随着汽车科学技术的不断提高，方向盘从以前的仅具有单一转向功能，提升到集多种功能于一体。现在方向盘的功能相当齐全，如喇叭、安全气囊、换档、定速、音响控制、语音通话等。

二、方向盘的构造

目前汽车市场上对于不同定位的汽车采用了不同的方向盘装饰，主要分为普通方向盘、真皮方向盘、木质方向盘等，如图 6-3-1 所示。

图 6-3-1　经过装饰的方向盘

一般方向盘的结构由方向盘骨架、填充层、装饰层等组成。

方向盘骨架主要采用压铸工艺生产，方向盘骨架多为锌合金或铝合金；有些生产厂家则采用更便宜、更轻的镁合金；有少部分厂家也还在使用钢材板件；也有部分豪华轿车方向盘则改用较昂贵的碳纤维或其他新型材料。

方向盘填充层主要有软质材料和硬质材料两种，软质材料大多是由聚氨酯材料通过发泡机制成，它的特点是手感舒适、耐磨、不易开裂、有助于吸收胸部和头部碰撞时产生的冲击力。硬质材料的选取主要根据方向盘的装饰要求而定，如进行水转印装饰时，需在方向盘骨架外围进行 PP、ABS 等硬质材料的注塑，再进行水转印施工；如进行木质材料装饰时，则需要使用专用机器将木片一层层叠积在一起，嵌入方向盘骨架上再进行表面装饰。装饰层置于方向盘填充层上，是彰显方向盘美观与档次的重要部分。常见装饰层材料有真皮、仿皮、木料装饰件、硬塑装饰件和纹理纸等。

三、方向盘的结构分类

1. 按方向盘的轮辐数量分类

方向盘由轮缘、轮辐和轮毂组成。方向盘轮毂的细牙内花键与转向轴连接，方向盘上都装有喇叭按钮，有些汽车的方向盘上还装有车速控制开关和安全气囊。轮辐指连接方向盘圆周与转向轴的部分。

如果把方向盘的圆周分成两部分就是两辐，多用于赛车；分成三部分就是三辐，多用于运动型轿车和跑车；分成四部分就是四辐，多用于普通轿车和高档轿车，如图 6-3-2 所示。

两辐方向盘　　　　三辐方向盘　　　　四辐方向盘

图 6-3-2　按方向盘的轮辐数量分类

2. 按方向盘轮缘形状分类

方向盘轮缘常见的形状有圆形、D 形、矩形、倒梯形、六边形等，如图 6-3-3 所示。现流行改装趋势是在基本型的基础上，通过装饰件和组合按键有机结合，使得方向盘整体形状灵活多变。高端运动车型的方向盘，下方圆弧通常设置为平底，这类方向盘称为"平底方向盘"或"D 形方向盘"。此外，特斯拉 Model S、Model X 和丰田 BZ4X，都在量产车上采用名为"yoke"的轭型方向盘。

倒梯形方向盘

六边形方向盘

D 形方向盘

yoke 轭型方向盘

图 6-3-3　方向盘轮缘形状

四、方向盘的表面材质类型

1. 塑料方向盘

一般选用此类方向盘的车型价格亲民，经济耐用，如图 6-3-4 所示。塑料方向盘又分为 PU 自结皮方向盘、改性聚烯烃方向盘、尼龙方向盘等几种。这种方向盘的优点是手感清晰、不易变形开裂、易维护、成本低；缺点是手感粗糙、冬天易冰手、看着毫无档次感。塑料方向盘看着廉价，其实成本也确实廉价，但贵在实用。

2. 皮质方向盘

大部分中高档车型都配备了皮质方向盘，只不过根据定位和档次的不同分为了仿皮和真皮两种材质，如图 6-3-5 所示。

图 6-3-4　塑料方向盘

图 6-3-5　皮质方向盘

一些高档车还选用了比较昂贵的 Nappa 真皮，这种工艺在选材、制作、缝制上更讲究，目的是提升手感，增加车辆的豪华感。相应的，这种高档方向盘还会配以加热、打孔等个性化功能。一般中档车型，方向盘多采用仿皮的材质。皮质方向盘一般握感比较舒适，不太容易打滑。不过由于是生物制品，经常接触人手的汗液，时间久了难免会出现油光现象，导致摩擦力下降。材料较差的皮质，还可能会开裂老化。

3. 木皮相配方向盘

木皮相配方向盘在豪华车上采用率很高，尤其是木皮相配的多功能方向盘，似乎成为豪华品牌旗舰车型的标配。想在中国的高端汽车市场上占据一席之地，就必须把这种档次的风格贯彻到底。所以像奔驰 S、大众辉腾、保时捷帕拉梅拉，或者是再顶级一些的劳斯莱斯和宾利，都会选用这种真皮加木质相配的方向盘。这种混搭型方向盘看上去很别致，也有强烈档次感，但有一个"天然"缺陷，就是木质饰条一般采用深色且经过抛光处理，在阳光下暴晒后，就像捧着一个"暖宝宝"。时间久了，也会增加变形褪色的风险。

4. 真皮翻毛方向盘

这种方向盘可能对于很多人来说比较少见，因为一般采用这种材质方向盘的车型以性能跑车居多，如图 6-3-6 所示。这种翻毛皮材质在一些高档车的座椅或顶篷采用得比较多。它的特点是附着力好，握感更清晰，适合激烈驾驶与精准操控。当然，它的成本也是相当高，并且容易沾染灰尘，也容易被手上的汗液侵蚀。

5. 碳纤维方向盘

碳纤维方向盘堪称汽车方向盘中的"贵族"，如图 6-3-7 所示。此种材质的方向盘基本使用在超跑车型上。碳纤维方向盘视觉效果比较酷炫，而且手感特别好。在炎炎夏日，当驾驶人手心出汗时，碳纤维方向盘不会像其他方向盘一样会出现打滑和腐蚀的现象。不过，碳纤维方向盘的生产工艺非常复杂，因此成本也相当高昂。同时，它与木质方向盘一样存在夏天烫手的问题。

图 6-3-6　真皮翻毛方向盘

图 6-3-7　碳纤维方向盘

五、方向盘改装装饰风格类型

随着人们对汽车使用观念的转变，人们对方向盘的要求也发生了很大的变化。从之前的塑胶方向盘，到现在的真皮方向盘的转变，对包覆方向盘的皮料的讲究，以及个性化的追求，这些显著的变化都说明了方向盘改装风格的潮流已成为当代车主们所追求的热点。

1. 方向盘全包改装风格

方向盘全包改装风格指的是利用真皮、超纤等多种软性面料，对方向盘进行全部包覆。

2. 方向盘半包改装风格

方向盘半包改装风格指的是利用软性面料结合碳纤件、桃木件等硬性材料共同改装方向盘而形成的风格。

使用皮革包覆方向盘一方面能提升手感的舒适性，带来更好的驾乘体验；另一方面也能营造出一些新颖独特的视觉外观，如搭配不同颜色的缝线。

六、方向盘的包覆制作方法

常用的包覆缝制方法有勾线缝法（也叫穿线缝法）、麦穗缝法、双线交叉缝法。

1. 勾线缝法

用一根线把方向盘套两侧的缝线穿起来拉紧的方法，也是最常用的缝法，如图6-3-8所示。

2. 麦穗缝法

用一根线从头到尾交叉穿一遍，较为美观实用，如图6-3-9所示。

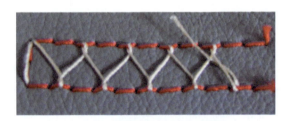
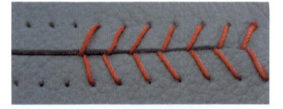

图6-3-8　勾线缝法示意图　　　　　　　图6-3-9　麦穗缝法示意图

3. 双线交叉缝法

这种缝制方法的好处是皮套既不会鼓起，又不会感觉线多堆在方向盘内侧不美观，很多车型原车高配的皮套就是这种缝法，如图6-3-10所示。

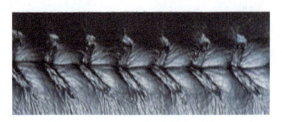

图6-3-10　双线交叉缝法示意图

任务实施

实训准备

1. 实训人员必须穿戴相应的防护用品（工作服、口罩、防护手套、护目镜等）。

2. 开展实训作业之前对汽车外观做好必要的防护（发动机舱盖、翼子板、车门、座椅等），以免操作过程中划伤车漆。

3. 严格按照工艺流程操作。

4. 方向盘包覆作业需要准备的主要工具材料：剪刀 1 把、塑料撬板 1 把、双面胶带 1 卷、针线缝纫工具 1 套，另外也可准备方向盘包覆胶 1 瓶。

实训时间

90 分钟

一、汽车原有方向盘的拆除方法

1）起动发动机，回正方向盘。保持方向盘处于回正状态，车轮处于正前方，如图 6-3-11 所示。

2）关闭点火开关。打开发动机舱盖，断开蓄电池负极线束，如图 6-3-12 所示。

图 6-3-11 回正方向盘

图 6-3-12 断开蓄电池负极线束

3）将方向盘拉至最低位置，并进行固定，如图 6-3-13 所示。

4）拆卸转向柱上护罩固定螺栓，如图 6-3-14 所示。

图 6-3-13 将方向盘拉至最低位置

图 6-3-14 拆卸上护罩固定螺栓

5）用撬板撬下上护罩，取出上护罩，如图 6-3-15 所示。

6）打开点火开关，转动方向盘，使下护罩两边的固定螺栓露出即可；使用快速扳手拧出下护罩固定螺栓，如图 6-3-16 所示。

图 6-3-15　拆卸上护罩

图 6-3-16　拆卸下护罩固定螺栓

7）回正方向盘，拔出点火开关钥匙，如图 6-3-17 所示。

8）取下方向盘下护罩，再次插入点火开关钥匙并打开，转动方向盘，如图 6-3-18 所示。

图 6-3-17　拔出点火开关钥匙

图 6-3-18　取下方向盘下护罩

9）使用一字螺钉旋具从此处深入，撬出安全气囊，回正方向盘，如图 6-3-19 所示。

10）拔下安全气囊电气插头，取下安全气囊总成，如图 6-3-20 所示。

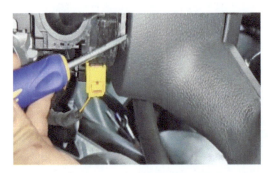

图 6-3-19　撬动安全气囊

图 6-3-20　拆卸安全气囊总成

11）使用扭力扳手，拆卸方向盘固定螺栓，但不要全部旋出，使固定螺栓仍然在原位，如图 6-3-21 所示。

12）双手用力振动方向盘，向后拉动方向盘。能够轻松拨动后，取下固定螺栓，取下方向盘，如图 6-3-22 所示。

图 6-3-21　拆卸方向盘固定螺栓

图 6-3-22　拉动方向盘

13）检查方向盘固定位置并进行标记，然后取下方向盘，如图 6-3-23 所示。

14）方向盘拆卸完毕。不要拧动盘状线缆，使之与拆卸方向位置一致，如图 6-3-24 所示。

图 6-3-23　标记方向盘位置

图 6-3-24　方向盘拆卸完成

二、汽车新方向盘的安装方法

安装方向盘时先对方向盘定位，使前轮处于正前方，然后安装方向盘。

1）对准记号，插入方向盘，如图 6-3-25 所示。

2）安装方向盘固定螺栓，左手握住方向盘，右手使用扭力扳手进行紧固，如图 6-3-26 所示。

图 6-3-25　插入方向盘

图 6-3-26　安装方向盘固定螺栓

3）插入安全气囊插头，压入安全气囊。安装安全气囊插头时需要检查保险件，防止插头松动，如图 6-3-27 所示。

4）关闭并拔下点火钥匙，安装转向柱下护罩，如图 6-3-28 所示。

图 6-3-27　安全气囊插头连接

图 6-3-28　安装转向柱下护罩

5）安装下护罩后，插入并打开点火钥匙，如图 6-3-29 所示。

6）转动方向盘，露出下护罩固定螺栓并准备紧固，如图 6-3-30 所示。

图 6-3-29　打开点火钥匙

图 6-3-30　紧固下护罩固定螺栓

7）方向盘回正，安装转向柱上护罩，如图 6-3-31 所示。

8）安装上护罩固定螺栓，如图 6-3-32 所示。

图 6-3-31　安装转向柱上护罩

图 6-3-32　安装上护罩固定螺栓

9）方向盘复位并固定后安装完毕，如图 6-3-33 所示。

图 6-3-33　方向盘安装完成状态

三、汽车方向盘套皮料的包覆方法

以勾线缝法为例演示方向盘包覆方法，先根据车辆型号和方向盘尺寸信息选择匹配方向盘套的皮料。目前在汽车装潢行业内施工方只需选用现成商品皮料即可。如果客户无特殊需要，一般不单独进行制版、裁剪、缝制来制作方向盘包覆皮料。

1）把方向盘套清洁干净，将方向盘套套在方向盘上，调整方向盘套的位置，把接缝处调到底部中间，如图 6-3-34 所示。

2）纫针穿线，采用单线缝制，如图 6-3-35 所示。

图 6-3-34　方向盘套皮料安装　　图 6-3-35　纫针穿线操作示意图

3）第一针从方向盘套内侧边线穿过并打成死结，至少留出 6cm 打结，收尾时要用，如图 6-3-36 所示。

4）第二针从方向盘套外侧边线由外向内穿线，如图 6-3-37 所示。

5）第三针如同第二针且平行于第二针缝制，保证左右对齐，如图 6-3-38 所示。

6）缝制方向盘辐位置时，线由皮套内侧穿过，绕过方向盘幅无需缝制，如图 6-3-39 所示。

图 6-3-36　第一针缝制操作

图 6-3-37　第二针缝制操作

图 6-3-38　第三针缝制操作

图 6-3-39　方向盘辐位置缝制

7）将缝制线从另一侧穿过，同时整理方向盘套，如图 6-3-40 所示。

8）此步骤同第二针，以此穿过方向盘套边线，如图 6-3-41 所示。

图 6-3-40　缝制线穿到另一侧操作

图 6-3-41　穿过方向盘套边线操作

9）此步骤同第二针，再次以此穿过方向盘套边线，如图 6-3-42 所示。

10）将缝制线从另一侧穿过，同时整理方向盘套，如图 6-3-43 所示。

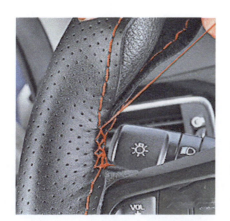

图 6-3-42　穿过方向盘套边线操作　　　　图 6-3-43　缝制线穿到另一侧操作

11）最后一针与第二针交叉打死结，用火烧断然后按住结痂，如图 6-3-44 所示。

12）方向盘套缝制完成，如图 6-3-45 所示。

图 6-3-44　缝制完成交叉打结操作　　　　图 6-3-45　方向盘套缝制完成状态

任务四　内饰塑料件喷漆改色认知

任务导入

　　汽车内饰改色可以让你随意搭配车内颜色，凸显个人个性风格，走在时尚的前沿，让你的汽车内饰不再单调、枯燥、乏味。多元化的汽车内饰改装翻新发展到今天技术已经逐渐成熟。喷漆改色翻新汽车内饰，把老化刮花的内饰件拆装修补并重新喷漆，省时省力，工艺还不复杂，是目前比较流行的内饰改色工艺方法。通过对汽车内饰塑料件及改装材料特性的认识，采取恰当的改装工艺，完成对汽车内饰部件的清洁、修补、喷涂改色，施工后汽车内饰风格焕然一新，并实现颜色喷涂均匀，无缺陷。

汽车内饰翻新改色，在进行内饰件拆装时需要注意不要损坏零件。选择喷涂材料时应根据内饰材料特性和用途进行适当选择，同时注意其环保性。施工过程中，各个环节都应严格按照标准操作，保证改装以后的质量和耐久性。

📝 学习目标

知识目标

1. 了解内饰塑料件改色方法及特点。
2. 掌握内饰塑料件拆装方法。
3. 掌握内饰塑料件喷漆改色材料选择方法。
4. 掌握内饰塑料件喷漆改色工艺方法。

技能目标

1. 能正确辨别内饰塑料件类型。
2. 能正确使用工具拆装内饰塑料件。
3. 能正确选择汽车内饰塑料件喷漆改色材料。
4. 能正确理解并说出汽车内饰塑料件喷漆改色操作的步骤和注意事项。

素养目标

1. 培养学生一丝不苟、精益求精的工匠精神。
2. 培养学生团结协作、爱岗敬业的敬业态度。
3. 培养学生艰苦朴素、任劳任怨的劳动精神。
4. 培养学生安全生产、规范操作的安全意识。
5. 培养学生绿水青山就是金山银山、节能减排的环保意识。

知识链接

一、内饰塑料件改色原因及途径

随着汽车技术的革新以及人们生活水平的提高，汽车已不仅仅是一种代步工具，更多的是代表了人们的生活态度，人们对于汽车内饰的要求也越来越高。您是否也对自己的爱车内饰不甚满意，感觉太低端？汽车的内饰使用的时间长了，就会出现褪色、老化、污垢和真皮老旧等现象，使汽车内部看起来非常地老旧。所以出现这种情况时需要进行汽车内饰的翻新，翻新途径有以下 3 种：

1. 换真皮

汽车内饰大多数为真皮包覆的时候，把原本的真皮拆下来，更换为自己喜欢的颜色就可以了。更换真皮也是比较麻烦的，需要把座椅、方向盘套、车门等地方的真皮全部都更换掉，花费的时间比较多，不过却是最实用的一种方法，换好后的效果也是很不错的，如图 6-4-1 所示。

图 6-4-1　内饰塑料件贴真皮改色

2. 贴改色膜

一般在汽车的美容店都会有贴改色膜的业务，主要是进行更改像中控仪表台、塑料门板等不是真皮包覆的地方，如图 6-4-2 所示。贴膜需要的时间相对更换真皮来说快一些，但是使用的寿命没有那么长，仅可以美观一段时间。

图 6-4-2　内饰塑料件贴改色膜改色

3. 喷漆改色

这种是最容易进行的更改颜色的一种方式，先把不需要更换颜色的地方遮挡住，再直接对需要改颜色的地方喷漆，就可以更换内饰的颜色了，如图 6-4-3 所示。但是需要购买相对好一些的喷漆，才能使耐磨性、防水性、防晒性、环保性等这些性能得到保障。

图 6-4-3　内饰塑料件喷漆改色

二、内饰塑料件的配件范围

常见的内饰塑料件包括座垫、座椅靠背、座椅套、安全带、头枕、扶手、活动式折叠车顶、所有内饰性衬板（包括车门内护板、前围护板、侧围护板、后围护板、车顶篷衬里等）、仪表板、杂物箱、室内货架板（包括后窗台板）、窗帘、地板覆盖层、遮阳板、轮罩覆盖物等，如图 6-4-4 所示。

图 6-4-4　常见汽车内饰塑料零部件

三、内饰塑料件常用材料类型

汽车内饰材料可分为普通塑料、工程塑料、软饰塑料三类，具体性能和用途见表 6-4-1。

表 6-4-1　内饰材料性能对比分析表

类别	名称	简介	燃烧	优点	缺点	主要用途
普通塑料	PVC（聚氯乙烯）	密度大于水，加热有毒；透明度大于 PE/PP；软制品柔而韧，手感黏；硬制品，折断处白化	上黄下绿；有烟；无熔滴；离火熄灭；刺激性酸味	耐化学品；阻燃，绝缘；强度高；耐磨	耐候性差；变形不恢复；不耐冷，遇冷变硬	皮革；仪表板表皮；地板隔热垫；踏板脚垫

（续）

类别	名称	简介	燃烧	优点	缺点	主要用途
普通塑料	PE （聚乙烯）	密度小于水，无毒，无臭；高密度，可用于制作扎带、管材；低密度，可用于制作薄膜、手提袋；线性低密度，可用于制作电缆皮、日常用品	上黄下蓝；有烟；燃烧时有烧蜡烛味道；有熔滴	耐化学品；强度高；绝缘、耐疲劳；耐磨、自润滑；耐低温	耐候性差；不耐冷，遇冷变脆	空气导管；制动液储液罐；挡泥板；衬板；行李舱隔板
	PP （聚丙烯）	低透明；白色蜡状；无毒、无臭；所有塑料中最轻；95%为等规PP	全黄色；有烟；燃烧时有热机油味道；有熔滴	耐化学品；绝缘；强度高；耐疲劳；韧性好、质轻、耐高温	耐候性差；不耐冷，遇冷变脆	车身内装件；通风取暖配件；外装件；前保险杠
工程塑料	PA （尼龙）	尼龙6、66、610；无毒、无臭	—	耐化学品；绝缘；强度高，刚硬；有韧性；耐磨；耐温差广	不耐干燥；吸湿	带轮；油泵齿轮；浮筒；涨扣；车轮装饰件
	ABS	无毒、无臭；重于水	全黄色；黑烟；燃烧缓慢；特殊气味；无熔滴	耐化学品；绝缘；强度高；耐疲劳；表面易镀金属	耐候性差；不耐高温	车身内饰件；外装件
	PC （聚碳酸酯）	透明度大于90%；无毒、无臭；热塑性塑料	阻燃	化学性能好；强度高；耐温差广	不耐磨，比较脆；不耐紫外线；不耐疲劳	灯具；窗玻璃；仪表标牌；遮阳板
	POM （聚甲醛）	表面光滑，有光泽的硬而致密的材料，淡黄或白色；抗热强度、弯曲强度、耐疲劳性强度均高，耐磨性和电性能优良	—	耐磨性和自润滑性优越；良好的耐油、耐过氧化物性能	很不耐酸，不耐强碱且不耐太阳光紫外线	汽车内外部把手、曲柄；电子开关零件、紧固件、接线柱罩、风扇零件、加热板、仪表按钮等
软饰塑料	PU （聚氨酯）	用作硬质、半硬质和软质泡沫塑料，塑料制品和弹性体等	—	强度高；耐疲劳；耐化学品	不耐浓酸碱腐蚀	发泡仪表板；方向盘；顶篷、座椅

四、汽车内饰塑料件改色所需施工材料

汽车内饰改色需要清洁剂、补伤膏、塑料底漆、汽车内饰塑料改色漆、固定剂五种材料。

1. 清洁剂

在汽车内饰翻新的过程中，首先用到的就是清洁剂。清洁剂可以分为汽车内饰去膜剂和汽车内饰专用除油除蜡清洁剂两种。清洁剂的作用就是把塑料件表面的污迹清洁掉，能有效去除表面顽固污迹，气味清香，水性环保。

2. 补伤膏

在塑料件轻微划伤的地方涂上一层白色乳状的补伤膏。补伤膏具有很强的表面遮盖效果，体积收缩小，并有很好的打磨性能。补伤膏干燥后即可完全与塑料件结合在一起。

3. 塑料底漆

塑料件上喷涂打底漆，是为了增加漆膜与塑料件的附着力，改色后不容易掉色。

4. 汽车内饰塑料改色漆

等底漆干后直接上色，汽车内饰塑料改色漆分为两种：水性漆和油性漆。不同的需求购买的改色材料不同。

5. 固定剂

使用水性内饰塑料改色漆需要喷涂固定剂，可以增加附着力，抗溶剂及耐磨。

任务实施

一、在实训室进行实训准备并记录

1. 实训人员必须穿戴相应的防护用品（工作服、口罩、防护手套、护目镜等）。

2. 开展实训作业之前对汽车外观做好必要的防护（发动机舱盖、翼子板、车门等），以免操作过程中划伤车漆。

3. 严格按照工艺流程操作。

4. 根据工艺需要准备工具、材料。

二、在互联网上查询汽车内饰塑料件的喷漆改色操作的视频，对照以下流程并记录

1. 塑料件清洁和分类存放

根据内饰改装需要，将需要改色的内饰塑料件拆卸并分类存放，如图6-4-5所示。有些内饰部件可以不拆卸在车上进行施工，但操作前周围部件需要使用塑料膜遮盖。

使用海绵蘸上汽车内饰专用清洁剂，待海绵被完全打湿后涂抹在塑料板面上，用毛刷圆圈形运动刷拭，清除塑料件表面的污垢和油污，直到刷拭干净后再用干净软棉布擦掉上面的残液，最后一定要放在阴凉处晾干。

图 6-4-5　将需要改色的内饰塑料件分类存放

2. 汽车内饰塑料件修补和去膜操作

在塑料件轻微划伤的地方涂上一层白色乳状的补伤膏。补伤膏具有很强的表面遮盖效果，体积收缩小，并有很好的打磨性能。补伤膏干燥后即可完全与塑料件结合在一起。

去膜操作需要戴上手套，用海绵沾强力清洁剂，待海绵被完全打湿后涂抹在塑料板面上，用毛刷打圈刷拭，直到刷拭干净后再用干净软棉布擦掉上面的残液，最后一定要放在阴凉处晾干。通过超强溶解度的活性材料＋溶剂进行塑料板面去膜，以提升后续翻新改色漆牢度。

3. 汽车内饰塑料件喷底漆

在喷涂之前，必须先喷涂汽车内饰塑料翻新底漆，以增强塑料改色漆的附着力。然后把汽车内饰塑料翻新改色底漆（油性）装入喷枪，在距离塑料件表面 10~30cm 处均匀喷涂薄薄一层，放入烘干箱烘干或用吹风机吹干，再均匀喷涂第二次即可。

4. 汽车内饰塑料件喷面漆和加固操作

等底漆干后，直接上色，使用汽车内饰塑料改色面漆，将改色面漆（油性或水性）装入喷枪，在距离塑料件表面 10~30cm 处均匀喷涂薄薄一层，放入烘干箱烘干或用电热风枪吹干，再均匀喷涂三次，确保完全覆盖。当使用水性内饰塑料改色漆时，还需要喷涂固定剂，以增加附着力，抗溶剂，提高耐磨性。

当全部改色零部件完全干燥后，根据拆装工艺规程装复内饰零件，并做好清洁和整理工作。在原位进行改装施工的部件，完成后需要去除周围的塑料遮蔽材料。

汽车门窗改装

📥 项目导入

不管是载人还是载物，MPV 都具有相当突出的优势。目前我国 MPV 消费市场正在悄然生变：低端 MPV 销量下滑，市场萎缩，高端 MPV 市场增长幅度较大。越来越多的车主开始追求家庭生活品质，大家庭周末出行的频率愈加频繁。对家人的关爱和呵护，以及对出行品质的追求让越来越多的车主更加重视 MPV 功能所带来的便利性和舒适性，这直接刺激了 MPV 改装市场，其中涉及门窗的改装项目主要包括中门升级改装、尾门升级改装以及商务窗帘的加装。

汽车门窗改装是为了提高出行人的便利性和舒适性而出现的项目。这些项目不同于内外饰装饰项目（主要是以提高车辆美观度和满足车主追求潮流为目的），而是实实在在提供便利功能。在本项目中，我们将学习如何进行汽车中门升级；如何进行尾门升级；如何加装商务窗帘。

从我国市场消费特点来看，MPV 主要有三大使用场景，即高端商务接待（载客）、多人口家庭日常出行和低端客货两用。这三大使用场景都体现在对 MPV 的功能需求之上。在本项目中，我们将通过任务描述，阐述汽车门窗升级改装的要求，并进行任务分析，引领学生分步骤完成任务点。本项目讲解了针对汽车中门、尾门、商务窗帘升级改装的相关知识，帮助学生拓展思维，并通过任务实施，将理论融于实践，通过知识链接，完成课后提升，温故而知新。

任务一　汽车中门升级改装

✏️ 任务导入

随着多用途 MPV 的普及以及广大民众用车理念的革新，MPV 消费市场悄然发生了转变。时至今日，当越来越多的企业主更乐意驾乘七座 MPV 日常出行、接待贵宾，人们越来越意识到这种"大空间、高舒适、多功能"的保姆车比起轿车更为惬意温馨，购车、改装都已经成了普遍现象，不管你提的车是低配还是高配，中门的车窗都是打不开的；低配车手动开启中门十分笨重，这给很多车主造成了不便，通过中门升级改装，实现乘客及驾驶人以多种方式开启和关闭中门，更加安全、防夹、易于操纵。

目前在 MPV 改装市场，电动中门系统生产企业数量繁多，鱼龙混杂，往往让一些车主无所适从。通过对电动中门结构、功能的了解，选择适合爱车的电动中门，并按照安装规程完成安装。

学习目标

知识目标

1. 了解电动中门的功能。
2. 掌握电动中门的结构。
3. 掌握电动中门安装过程。
4. 掌握电动中门安装注意事项。

技能目标

1. 能正确选择电动中门。
2. 能正确使用工具拆卸原装中门。
3. 能正确安装汽车电动中门。

素养目标

1. 培养学生一丝不苟、精益求精的工匠精神。
2. 培养学生团结协作、爱岗敬业的敬业态度。
3. 培养学生勇于实践、勇于创新的开拓精神。
4. 培养学生艰苦朴素、任劳任怨的劳动精神。
5. 培养学生安全生产、规范操作的安全意识。
6. 培养学生诚实守信、依法生产的法律观念。

知识链接

一、电动中门的概念

电动中门多在高端的 MPV 上使用，驾驶人和乘客可手动控制或自动控制车门开启和关闭。汽车电动中门滑门（PSD）系统是在滑门系统的基础上，集成电子智能控制技术和传感器防夹技术的高级滑门系统，兼具滑门侧开启方便性和人机智能控制性。驾驶人不需要下车便可轻轻松松控制两边中门，既实用又便捷，越来越受到消费者的青睐。

中门一般分为手动中门和电动中门。手动中门相对比较简单，乘客无论是上车还是下车都只需要拉动车门，车门便会以车身上滑轨的轨迹前后运动，从而实现开关车门。

电动中门又称为电动侧滑门，电动中门的成本更高，因此多出现在高端车型上，乘客上车时只需要在车外面拉一下车门把手，车门会自动划开，乘客上车后在车内再拉一下内侧门把手，车门就会自己关上，一切的动作都由电动机来完成。大部分配置电动中门的车型在驾驶人位置都有控制车门开合的开关，而且车钥匙也同样可以遥控车门，如图 7-1-1 所示。

图 7-1-1　电动中门自动开启

二、电动中门的功能

多数 MPV 高配车型只有单侧车门是电动中门，而中低配车型更是左、右两侧车门都不是电动的，但中门是一个使用比较频繁的东西，很多车主都会为爱车加装电动中门功能，因为中门关起来比较重，要是老人、女士或小孩关门的话，容易出现车门没关到位而意外滑开的危险。

具有电动中门的 MPV 使用起来具备这些好处：方便人员乘车，提供让客户满意的商务接待；告别车门意外滑开的危险；提高车辆档次，彻底与面包车划清界线。电动中门采用自动吸拉闭锁，保障家人的安全。

智能电动中门的八大功能具体如下。

1）原车钥匙遥控。

2）内 / 外把手控制。

3）B 柱按键控制。

4）独立系统，单门单装互不影响，也可加装双门。

5）智能防夹。

6）驾驶室按键控制。

7）手动 / 自动控制。

8）智能电吸。

三、电动中门安装技术难点

1）电动中门 ECU 控制系统与车外遥控系统、车内控制系统、整车电子控制系统的集成。

2）需要独立的供电系统，保证电动中门系统的持续供电，不影响侧门的开启。

3）对车体精度的要求更高，以保证电动中门系统开闭平顺性。

四、安装知识技巧

1）安装外水切时，水切下唇边一定要与钣金外凸面紧密贴合，车窗亮条才能平整安装。

2）门的边框上下锁销移装时注意上下不能装错，这两个锁销都可以上下左右调节，如果没有调节到对应位置就会出现车门异响，如图7-1-2所示。

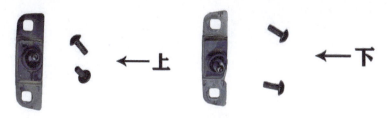

图7-1-2　上下锁销不要装错

3）外侧玻璃窗有一个螺钉不宜过长（图7-1-3），以免顶住玻璃，或者将玻璃划伤。

图7-1-3　此处螺钉不宜过长

任务实施

实训准备

1. 实训人员必须穿戴相应的防护用品（工作服、防护手套等）。

2. 开展实训作业之前对汽车外观做好必要的防护（发动机舱盖、翼子板、车门等），以免操作过程中划伤车漆。

3. 严格按照工艺流程操作。

实训时间

90分钟

一、工具与配件

准备实训工具（图 7-1-4）及电动中门配件（图 7-1-5）。

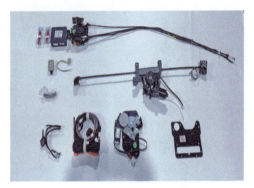

图 7-1-4　实训工具　　　　　　　　　　图 7-1-5　电动中门配件

二、安装电动机

1）使用卡扣撬板等工具拆除车门内饰板，如图 7-1-6 所示。

2）在取下内饰板之前，应注意拔掉内饰板里面的线束，如图 7-1-7 所示。

图 7-1-6　拆除车门内饰板　　　　　　　图 7-1-7　拔下线束

3）取下后侧内饰板，如图 7-1-8 所示。

4）使用快捷扳手将电动机固定在车身内饰板下预留的螺钉孔上，如图 7-1-9 所示。

图 7-1-8　取下后侧内饰板　　　　　　　图 7-1-9　固定电动机

5）使用开孔器在如图 7-1-10 所示位置开孔并固定电动中门前滑轮。

6）将前滑轮拉索通过孔位拉至车体滑道内，如图 7-1-11 所示。

图 7-1-10　开孔器开孔

图 7-1-11　拉动前滑轮拉索至车体滑道内

7）将前滑轮拉索拉至外滑道内，如图 7-1-12 所示。

8）在后滑轮安装位置开槽。开槽的方法为先使用开孔器在如图 7-1-13 所示位置开两个不相交的孔，然后使用气动锯切割剩余金属，最后打磨槽边缘。

图 7-1-12　将前滑轮拉索拉至外滑道内

图 7-1-13　开槽

9）将后滑轮拉索穿过孔洞拉至外轨道，如图 7-1-14 所示。

10）使用快捷扳手固定后滑轮，如图 7-1-15 所示。

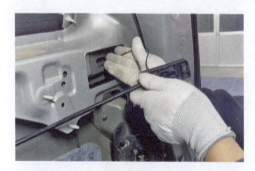

图 7-1-14　将后滑轮拉索拉至外轨道

图 7-1-15　固定后滑轮

11）拆除原车支架，取出滑轮，如图 7-1-16 所示。

12）拆卸支架中心轴（图 7-1-17），不可拆卸螺栓，否则后期间隙过大。

13）对滑轮加装钢丝卡头，如图 7-1-18 所示。

14）使用扳手紧固螺栓，将钢丝卡头固定，如图 7-1-19 所示。

图 7-1-16　拆除原车支架

图 7-1-17　拆卸支架中心轴

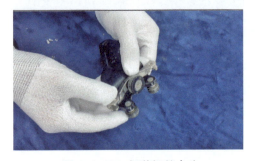

图 7-1-18　加装钢丝卡头

图 7-1-19　固定钢丝卡头

15）挂上后滑轮钢丝头，如图 7-1-20 所示。

16）把支架放到最前面，挂上前滑轮钢丝头，如图 7-1-21 所示。

图 7-1-20　挂上后滑轮钢丝头

图 7-1-21　挂上前滑轮钢丝头

17）把支架移回原位，安装中心轴，如图 7-1-22 所示。

18）安装中心轴卡簧，电动机安装完成，如图 7-1-23 所示。

图 7-1-22　安装中心轴

图 7-1-23　安装卡簧

三、更换原车锁块

1）使用扳手，拆卸原车锁块固定螺栓，如图 7-1-24 所示。

2）按照图 7-1-25 所示的位置拆卸玻璃导向槽。

图 7-1-24　拆卸车锁块固定螺栓

图 7-1-25　玻璃导向槽位置

3）拆卸如图 7-1-26 所示位置的玻璃升降器。

4）拔掉原车锁块线束，取出原车锁块，如图 7-1-27 所示。

图 7-1-26　玻璃升降器位置

图 7-1-27　取出原车锁块

5）拔掉原车锁块红色拉索，如图 7-1-28 所示。

6）准备好需要更换的自吸锁块，如图 7-1-29 所示。

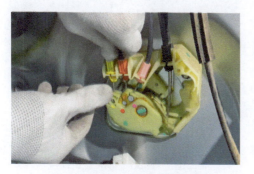

图 7-1-28　拔掉原车锁块拉索

图 7-1-29　自吸锁块

7）如图 7-1-30 所示安装中控钢丝。

8）用扳手固定自吸锁块，如图 7-1-31 所示。

图 7-1-30　安装中控钢丝

图 7-1-31　固定自吸锁块

9）装回玻璃升降器，如图 7-1-32 所示。

10）安装玻璃导向槽，如图 7-1-33 所示。

图 7-1-32　装回玻璃升降器

图 7-1-33　安装玻璃导向槽

四、加装电动门锁执行器

1）拆除门锁执行器上面所有的拉索，如图 7-1-34 所示。

2）拆卸解锁器固定螺栓，取下执行器，如图 7-1-35 所示。

图 7-1-34　拆除拉索

图 7-1-35　拆除固定螺栓

3）将门锁执行器加装至电动机支架上，如图 7-1-36 所示。

4）将外把手开关固定在原车执行器上，如图 7-1-37 所示。

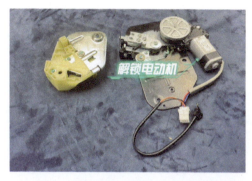

图 7-1-36 将门锁执行器加装至电动机支架上

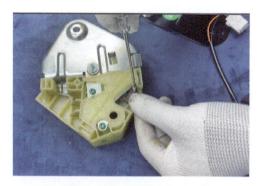

图 7-1-37 固定外把手开关

5）将加装后的门锁执行器安装到车门上，并固定，如图 7-1-38 所示。

6）将锁块拉索、外把手和内把手拉索装回门锁执行器，如图 7-1-39 所示。

图 7-1-38 将门锁执行器安装到车门上

图 7-1-39 安装拉索

五、安装线束及 B 柱开关

1）将中门电动门控制盒（ECU）安装至后侧板内，如图 7-1-40 所示。

2）如图 7-1-41 所示走线，中门线束中除了电源线及控制线，其余线束均穿过拖拽线槽至中门。

图 7-1-40 安装电动门控制盒

图 7-1-41 线束走线

3）根据标签将所有线束进行对接，如图 7-1-42 所示。

4）控制器搭铁线安装至 B 柱车体上进行搭铁，如图 7-1-43 所示。

图 7-1-42　对接线束

图 7-1-43　接搭铁线

5）电源线前端连接取电器在熔丝盒处进行取电，如图 7-1-44 所示。

6）通过模版利用记号笔在 B 柱翻毛皮上做标记，如图 7-1-45 所示。

图 7-1-44　取电

图 7-1-45　做标记

7）使用电钻、气动锯对 B 柱进行开孔，如图 7-1-46 所示。

8）安装 B 柱开关，如图 7-1-47 所示。

图 7-1-46　开孔

图 7-1-47　安装 B 柱开关

9）装回 B 柱内饰板，将 B 柱开门线束与 B 柱开关对接，即完成改装。

安装 B 柱开关

任务二 汽车尾门升级改装

任务导入

高端豪华的车型，会比普通车型拥有更多的配置和功能，用于满足车主们对于用车体验的更高要求。配备升级的车型，售价也会更高。幸好还有另一种方法，那便是在普通车型的基础上，单独改装某一高端配置，价格更为实惠。电动尾门就属于这一类高端配置。通过对普通尾门的缺点进行改造，按照标准操作流程将普通尾门升级为电动尾门，可通过遥控车钥匙及其他多种方式，轻松控制尾门的开闭；同时它还具备智能防夹、高度记忆、异常提醒等功能，集智能化、便捷化、人性化等优点于一身。

目前在 MPV 改装市场上电动尾门的品牌和种类繁多，质量良莠不齐。通过对电动尾门结构、功能的了解，选择适合爱车的电动尾门，并按照安装规程完成安装。

学习目标

知识目标

1. 了解电动尾门的功能。
2. 掌握电动尾门的结构。
3. 掌握电动尾门安装过程。
4. 掌握电动尾门安装注意事项。

技能目标

1. 能正确选择电动尾门。
2. 能正确使用工具拆卸原装尾门。
3. 能正确安装汽车电动尾门。

素养目标

1. 培养学生一丝不苟、精益求精的工匠精神。
2. 培养学生团结协作、爱岗敬业的敬业态度。
3. 培养学生艰苦朴素、任劳任怨的劳动精神。
4. 培养学生安全生产、规范操作的安全意识。
5. 培养学生绿水青山就是金山银山、节能减排的环保意识。

知识链接

一、电动尾门的概念

汽车尾门的开启方法分为机械式和电动式两种。

机械式行李舱开启原理基于机械结构，通过操作钥匙或手动按钮来实现。具体来说，当车主用钥匙打开行李舱时，钥匙转动锁芯，把锁舌从锁扣中释放出来，从而使行李舱盖能够打开。而手动按钮则是通过在车门和车外按下按钮，使机械结构的连杆或线杆产生力矩，从而将行李舱盖打开。

电动尾门（图 7-2-1）是一套全新的汽车改装智能系统，驾驶人可通过遥控车钥匙及其他多种方式，轻松控制尾门的开闭，举止优雅，彰显无遗。另外，它还具备智能防夹、高度记忆、异常提醒等功能，集智能化、便捷化、人性化等优点于一身。机械式尾门可以通过加装电动尾门组件（图 7-2-2）改装为电动尾门。

图 7-2-1　电动尾门

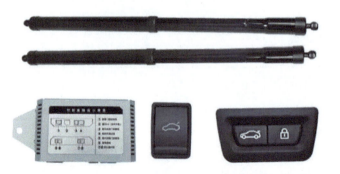

图 7-2-2　电动尾门组件

二、安装电动尾门的原因

电动尾门一般是高配版车或者是豪车才会配置，而传统的手动开启方式又确实存在着诸多不便，比如，当手里拿着很多东西时，开启尾门则显得更加麻烦。甚至，对于很多身材娇小的女性车主而言，当尾门开启角度很大时，还需要踮脚才能关闭；而对于很多身材高大的男士来说，若尾门开启角度较小时，又容易碰到头。手动开启尾门的困难如图 7-2-3 所示，所以一款智能电动尾门是很有必要的。

尾门沉重   双手持重物   身高不够

图 7-2-3   手动开启尾门的困难

通过电动尾门的改装，可以实现以下功能：遥控尾门的开启和关闭以及尾门的一键开启和一键关闭。如图 7-2-4 所示。

图 7-2-4   电动尾门改装的好处

三、电动尾门工作原理

电动尾门防夹系统的工作原理为主轴电动机内部的霍尔式传感器，会监测该电动机的转速，当尾门在开启或关闭过程中遇到障碍物时，电动机转速下降至设定的限度以下，传感器探测到障碍物的存在，同时电动机电流消耗增加，对电动机的电源供应会反向进行，从而导致行李舱盖按相反的行程方向运动。电动尾门的基本结构由两根心轴驱动杆组成。驱动杆通过主轴驱动器由一个内管和一个外管组成，其中内管中的电动机和齿轮驱动着一个螺纹主轴，该螺纹主轴在固定于外管内侧的螺纹螺母上运动。电动支柱使用位于支柱内部电动机内的电动主轴来开合行李舱盖。弹簧也对行李舱盖开启操作起到辅助作用。合格的电动尾门产品应该具有智能检测障碍物并实现紧急制动的功能，当尾门开启时，若遇到障碍物能自动收回，避免因电流过大烧坏电动机；当尾门闭合时，若遇到障碍物能自动弹回，避免意外夹伤或损坏车辆等情况。

四、电动尾门的功能

1. 遥控功能

能兼容原车遥控器，只要原车有遥控器，就能实现遥控开启和关闭行李舱。

2. 防夹功能

通过传感器和芯片智能感应，在过载、堵转、卡死、短路、过热等情况下起到保护作用，防止人员受伤和物品财产受损。

3. 暂停功能

可以在运行过程中任意位置停止或进行高度调节，更方便更安全。

4. 电吸拉紧

电吸装置可以使尾门在完全关闭的最后一瞬间自动吸合锁紧，更安全。

5. 低耗静音

尾门引进先进设备，制作工艺精良，将噪声控制在正常环境噪声值以下，并在车内密闭空间也能达到理想的静音效果。

五、安装电动尾门的注意事项

1）开启电动尾门前务必确认尾门开启范围内没有任何杂物、天花板、后墙等，防止因没有留意障碍物就打开尾门而导致尾门刮花的情况。

2）电动尾门完全闭合时会发出"嘀嘀"的提示音，未听到闭合提示音前切勿发动车辆，防止因尾门未关紧发生事故。

六、电动尾门的种类

1. 单杆电动尾门

将原尾门中的一根液压杆改为电动推杆，通过按键控制电动推杆，达到控制尾门开关的效果。

2. 双杆电动尾门

单杆电动尾门的升级版，两边液压杆均改为电动推杆，尾门开启速度更快，也不易出故障。

3. 电吸尾门

保留以上两种尾门的原有功能，增加电吸锁功能，通过电动机将尾门拉紧关闭，不再产生巨大的噪声。

目前，市面上电动尾门的产品以单杆式与双杆式电动尾门居多，其中控制器与电动推杆在电动尾门中扮演着重要角色。相对来说，双杆的电动尾门使用起来更令人放心，因为双杆的电动尾门其左、右撑杆是协调一致的，尾门受力更均匀了，支撑力度也更大了，自然避免了日后的车门变形问题，所以就不会因长期开关、碰撞而变形。

电动尾门升级属于改装范畴，所以是否会对原车系统造成影响则是比较关键的考虑因素。在安装时应尽量避免改动原车计算机、电路，破坏车身，以免改动原车计算机电路而造成短路。专业级安装师傅安装线束时完全采用原车接口，保证了原车线路的安全。

七、电动尾门改装的价位

电动尾门改装由于车系和质量不同，其价格也是不一样的。相对而言，目前轿车的电动尾门改装的技术和服务还是比较完善的。在可靠的汽车 4S 店进行电动尾门改装，假如选用非正品的电动尾门，改装出来大约需要花费 3000 元，而选用原厂的电动尾门，价格会达到 2 倍以上。

八、电动尾门改装的弊端

1）由于电动尾门的改装属于汽车改装范畴，所以必须符合汽车改装的相关要求和规定，能不能合法改装，还有待车管所进一步审核。很多私自改装的电动尾门都是不合法的，无法通过年审。

2）尾门改装容易破坏原车的计算机、电路、车身等，有可能导致短路火灾、电动尾门密封不严出现流水等情况。因此改装电动尾门需要购买品质过硬的厂家产品，并且在正规改装店进行改装。

3）市面上常见的电动尾门主要分为单杆式与双杆式两种，生产厂家不乏一些小公司，因此质量方面无法提供好的保障，在长期开关及碰撞后容易出现失灵和自动关闭不严的情况，使得车内物品或人员有抛出的风险。

因此，改装一定要选用正规厂家的部件，到正规改装店改装，这样售后才有保证，生命安全才多一分保障。

九、汽车电动尾门系统部件

电动尾门是一套总成系统（图 7-2-5），这套总成系统主要包括：电动撑杆、吸锁机构、控制系统（ECU 控制盒）、尾门线束、前舱按键开关、尾门按键开关。

（1）电动撑杆 我们所说的电动撑杆（图 7-2-6），是电动尾门的执行机构，它的作用是实现尾门的开启和关闭，并且具有支撑住尾门的功能。

电动撑杆分为 L 和 R，L 代表撑杆安装位置在左侧，R 代表撑杆安装位置在右侧，如图 7-2-7 所示。

图 7-2-5　电动尾门系统

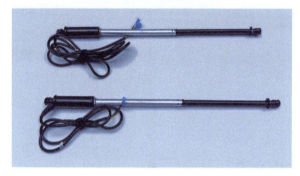

图 7-2-6　电动撑杆

图 7-2-7　右侧和左侧电动撑杆

（2）吸锁机构　吸锁机构分为上吸锁（图 7-2-8）和下吸锁（图 7-2-9）两种。上吸锁和下吸锁的区分主要是根据电吸锁的电动机安装的位置来决定的。电动机安装在尾门上面的，就属于上吸锁；安装在行李舱门槛下面的，就属于下吸锁。

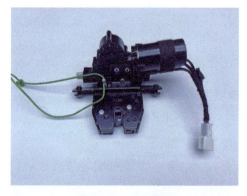

图 7-2-8　上吸锁

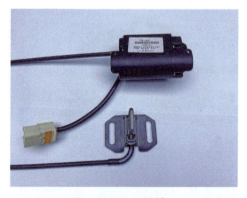

图 7-2-9　下吸锁

上吸锁安装过程中需要替换原车的锁块，吸锁具有锁止的功能，尾门在关闭以后，吸锁能够非常轻缓而有效地将尾门锁止。

（3）控制系统（ECU控制盒） ECU控制盒（图7-2-10）相当于电动尾门的大脑，负责发出各种信号，驾乘人员通过按键，对ECU输入信号，ECU将信号传输给执行机构，实现对电动尾门的控制。

图 7-2-10 ECU 控制盒

任务实施

实训准备

1．实训人员必须穿戴相应的防护用品（工作服、防护手套等）。

2．开展实训作业之前对汽车尾门实训台架做好必要的防护，以免操作过程中划伤台架。

3．严格按照工艺流程操作。

实训时间

90 分钟

一、汽车电动尾门改装实训工作站认知

电动尾门改装可以在汽车电动尾门改装实训工作站（图7-2-11）上进行。本工作站以

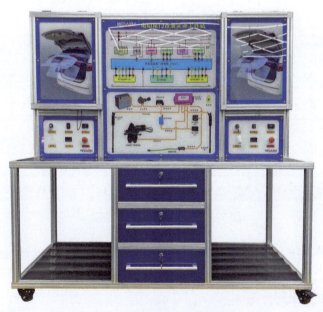

图 7-2-11 汽车电动尾门改装实训工作站

汽车尾门为基础，通过工作站呈现汽车尾门手动装置改装电动装置，并进行电动尾门机构电器工作原理的展示，通过本工作站可以训练学生进行尾门机构安装、各部位线路安装以及工作线路的检测。本工作站可以模拟汽车尾门手动装置改装电动装置实训，达到辅助教学和提供实操平台的目的。

该实训工作站可以实现以下功能：

1）电动尾门升降机构的工作运行展示及改装实训。

2）电动尾门升降机构的电器部分展示及改装实训。

3）感应开关装置的工作原理及改装实训。

4）手动尾门改电动尾门实操训练。

5）电器检测考核实训。

电动尾门电路图（图 7-2-12）中 30 代表常电，15a 代表 ACC，31 代表搭铁线。汽车常电就是从蓄电池正极接出来的线，它不受任何开关控制，属于正电源，只要蓄电池有电，熔断器不损坏，常电就可以一直有电，如双闪灯、灯光照明系统、防盗器等，就是用的常电。

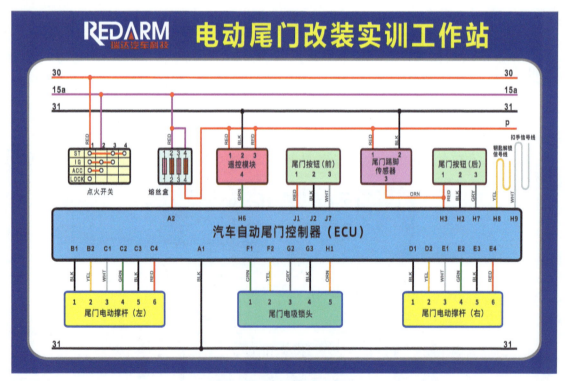

图 7-2-12　电动尾门电路图

ACC 电需要汽车钥匙开关，ACC 电就是打开点火开关未起动发动机的时候，也可以让车内部分电器用电。如果想要打开 ACC 电，那么就需要将车钥匙转到 ACC 档位，就可以为车内的系统提供电源了。

电源常电（30）进入点火开关，打开点火开关通电后，ACC（15a）通电，电流经过熔丝盒，进入尾门控制器（ECU），完成尾门控制器通电即可实现尾门的开合。

二、电动尾门检测与故障排除

故障情况：尾门控制器不工作（控制端子 A1 ECU 搭铁线断开）

故障分析：打开尾门 ACC 电源开关，按下尾门开启开关（前），尾门不工作，同时尾门开启开关（前）指示灯不亮，正常情况尾门开启开关（前）指示灯应点亮，按下尾门关闭开关（后），指示灯也不亮，查看控制面板，此时电压显示为 12V，说明 ACC 电源供电正常，可能 ACC 电源与 CPU 之间供电有问题，导致 CPU 不工作。

故障检测：将万用表调至直流电压测量档位，将表笔分别插入控制面板 ECU 电源线和搭铁线电源检测端子内，万用表显示没有电压，然而无法判断出是电源线接触不良，还是搭铁线接触不良，或者火线和搭铁线同时接触不良。需要使用万用表将红表笔插入 ECU 电源线检测端子内，黑表笔插入熔丝盒搭铁线检测端子内。万用表有电压提示，说明 ECU 电源线没有出现短路以及接触不良现象，则为搭铁线接触不良或短路。此时使用万用表将红表笔插入 ECU 搭铁线检测端子内，黑表笔插入熔丝盒 ACC 火线检测端子内，万用表没有电压提示。

故障排除：将跳线一端插入 CPU 搭铁线检测端子内，另外一端插入熔丝盒搭铁线检测端子内，按下尾门开启开关，尾门能正常工作，故障排除。

三、电动尾门改装

1）准备实训工具，并准备电动尾门配件，如图 7-2-13 所示。

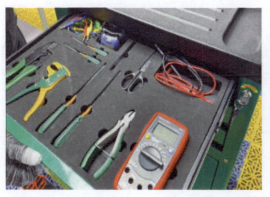

图 7-2-13　实训工具和电动尾门配件

2）打开手动尾门，使用一字螺钉旋具撬开手动撑杆卡环，拆卸手动撑杆，如图 7-2-14 所示。

3）更换电动撑杆，注意区分电动撑杆左右（L 代表左边，R 代表右边），如图 7-2-15 所示。

图 7-2-14　拆卸手动撑杆

图 7-2-15　更换电动撑杆

4）使用套筒工具拆卸原车锁块，如图 7-2-16 所示。

5）将原车锁块更换成电动下吸锁块，并调整位置，如图 7-2-17 所示。

图 7-2-16　拆卸原车锁块

图 7-2-17　更换电动下吸锁块

6）将线束安装至走线槽内，整理线束至 EUC 控制盒，如图 7-2-18 所示。

7）将线束端子根据对应的位置安装至 ECU 控制盒内，如图 7-2-19 所示。

图 7-2-18　整理线束至 ECU 控制盒

图 7-2-19　安装线束端子

8）电动尾门取电，将搭铁线直接安装在熔丝盒负极并固定，如图 7-2-20 所示。

9）从熔丝盒给电动尾门电源线取电，加装熔丝，如图 7-2-21 所示。

10）对电动尾门进行调试并测试效果，如图 7-2-22 所示。

①设置尾门开启高度，手动将尾门调整至预设高度，长按电动尾门按键开关保持不动，当尾门发出第一声响时，松开开关，就可以将电动尾门开启高度调整到预设高度。

②加快关门速度，长按电动尾门按键开关保持不动，当尾门发出第三声响时，松开开关，此时关门速度会加快。

图 7-2-20 安装搭铁线并固定

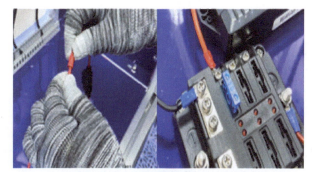

图 7-2-21 电源线取电及加装熔丝

图 7-2-22 电动尾门调试

③恢复出厂设置，长按电动尾门按键开关保持不动，当尾门发出第四声响时，松开开关，此时恢复出厂设置。

任务三 加装商务窗帘

✏️ **任务导入**

很多高档车型，为了彰显后排的尊贵和保护隐私，配备了遮阳窗帘，也有些车主因为种种原因，选择给自己的爱车加装窗帘。汽车窗帘可以让车里的人在休息的时候更加舒适，还可以避免车内的用电设备被暴晒后出现老化、褪色等现象。通过对不同材质窗帘材料特性的认知，合理选择窗帘材料；在不违反法律法规的前提下，从环保以及提升车内空气质量的角度分析，按照标准安装流程完成商务窗帘的加装。

商务窗帘的材料主要有尼龙涤纶、PVC、高分子经纬棉。根据车辆使用环境及车主要求，选择适合爱车的商务窗帘，并按照安装规程完成安装。

📝 学习目标

知识目标

1. 了解商务窗帘的不同材质。
2. 掌握商务窗帘的功能。
3. 掌握关于商务窗帘安装的法律法规。
4. 掌握商务窗帘安装注意事项。

技能目标

1. 能正确选择商务窗帘。
2. 能正确安装汽车商务窗帘。

素养目标

1. 培养学生一丝不苟、精益求精的工匠精神。
2. 培养学生团结协作、爱岗敬业的敬业态度。
3. 培养学生勇于实践、勇于创新的开拓精神。
4. 培养学生艰苦朴素、任劳任怨的劳动精神。
5. 培养学生安全生产、规范操作的安全意识。

知识链接

一、汽车商务窗帘概念

汽车商务窗帘（图 7-3-1）就是安装在车窗上的窗帘，同生活中的窗帘一样，能起到隔热、遮光以及保护隐私的作用。

图 7-3-1　汽车商务窗帘

二、商务窗帘的分类

1. 按照材质分类

按照材质对商务窗帘进行分类，可以分为三类：尼龙涤纶、PVC 和高分子经纬棉。

（1）尼龙涤纶　这种材质的窗帘安装在车窗上，在阳光照射下没有灼热感，但是隔热和隔光效果不是很好。尼龙涤纶材质汽车窗帘整车安装下来的话，大概需要 300 元。

（2）PVC　这种材质经常用于雨衣上，是塑料的一种。将这种材料制作的窗帘安装在车上，整体看上去并不是很舒服，不够柔顺；且这类材质制作的窗帘，虽然阻光性比较强，但是整体不太美观，如图 7-3-2 所示。市场价格 5 元 /m² 左右，用于做汽车窗帘，大概需要 200 多元。

图 7-3-2　PVC 材质商务窗帘

（3）高分子经纬棉　这一类型的材料制作出来的窗帘不管是在遮光性还是在过滤紫外线以及降低车内温度方面，都有不错的表现，在阳光的照射下，没有灼热感。且使用高分子经纬棉制作的窗帘十分结实耐用，几乎不需要任何维护保养。但是相对前两款来说，高分子经纬棉制作的窗帘要更贵，平均下来每辆车大概需要花费 1800 元，如图 7-3-3 所示。

图 7-3-3　高分子经纬棉商务窗帘

2. 按照安装方式分类

按照安装方式进行分类，商务窗帘可以分为内置式和外置式。

（1）内置式窗帘（图 7-3-4） 内置式窗帘一般多用于高端汽车上，像一些商务车、房车等，都是原装配备窗帘的车。内置式窗帘在设计上和日常家中使用的窗帘没什么两样，只是内置式窗帘的整体结构更好，整体度也更高一些，安装在车内，没有任何突兀感。可能部分车还会设置智能窗帘，驾驶人或乘客只需要通过按键，就可以拉上窗帘。

图 7-3-4 内置式商务窗帘

（2）外置式窗帘（图 7-3-5） 外置式窗帘可以理解为罗马杆安装，就像家用窗帘一样，借用外部结构来实现这一操作。内置式窗帘都是在汽车出厂之前镶嵌在内部，不会有外露的情况。外置式窗帘的缺点就是整体性不好，不是很美观。

图 7-3-5 外置式商务窗帘

三、汽车窗帘安装方法

常见的汽车窗帘安装时需要先在车窗的上沿下两边装一条滑槽，然后用酒精将车内要贴滑竿的位置擦洗干净，要是没有擦洗干净的话，滑竿就很容易脱落，再将滑竿上的不干胶撕下，最好先用吹风机烘烤加热，一点点往上粘，最后把窗帘安装在滑竿上即可，使用时需要用手拨动。滑竿很容易脱落，脱落后很难修复。拉了窗帘后，车内的亮度要受到限制，但是能阻隔阳光直接照射乘客身体，起到一定的隔热作用。车主还可以选择安装电动窗帘，只要用遥控器控制，窗帘即可自动收起与打开，安装则有打孔与免打孔两种方法，但这种电动窗帘的价格比较高。

四、加装商务窗帘相关的法律法规

参考《道路交通安全法实施条例》第六十二条的规定：在机动车驾驶室的前后窗范围内悬挂、放置妨碍驾驶人视线的物品——驾驶机动车不得有的行为。规定已经明确说明了汽车窗帘的使用禁区，别说是使用窗帘完全遮挡视线，即使是少量摆放货物或者悬挂尺寸较大的装饰物也是不允许的。汽车后风窗玻璃并不允许遮挡。

SUV、轿车、MPV，这三种车型使用汽车窗帘的并不在少数，尤其是 MPV 使用比较广泛。因为这种车型的车窗尺寸非常大，即使使用有一定过滤红外线能力的车膜，或者原车装备隐私车窗也无法控制车内的"氛围"。加之 MPV 大多以商务用途为主，汽车成了"移动办公室"，所以只能通过汽车窗帘来控制车内光线以便于使用各类电子设备。自 MPV 问世以来，车载窗帘一直是不可或缺的配置，两侧硕大的后视镜足以观察后方路况，在保证己方车辆安全的同时不会对其他车辆造成困扰。

汽车窗帘固然有很理想的效果，但是在特殊天气里还是会影响驾驶安全。比如在暴雨多发的夏季，在大雨中行车路面会激起水雾，同时两侧后视镜也会沾满雨水，影响可视效果——即使有后视镜加热装置也是杯水车薪，此时通过后风窗玻璃观察路况则尤为重要。

总之，汽车窗帘可以加装，从环保以及对车内空气质量提升的角度分析，这一配置比车窗膜更科学。但是在用车过程中一定要注意细节，有条件的话建议使用带有远程控制开关的电动汽车窗帘。

任务实施

实训准备

1. 实训人员必须穿戴相应的防护用品（工作服、防护手套等）。

2. 开展实训作业之前对汽车外观做好必要的防护（发动机舱盖、翼子板、车门等），以免操作过程中划伤车漆。

3. 严格按照工艺流程操作。

实训时间

90 分钟

将按照车型和车主要求提前购置的商务窗帘套装打开包装，准备进行安装。

1）将窗帘上下轨道分别放置到需要安装的位置，如图7-3-6所示。

2）按窗帘轨道孔用自攻螺钉固定中间位置，注意此时不能固定两端，如图7-3-7所示。

图7-3-6　安装窗帘上下轨道

图7-3-7　固定窗帘轨道

3）将窗帘滑轮推入轨道中，不能先安装堵头，如果先安装堵头则窗帘滑轮无法安装进轨道内，如图7-3-8所示。

4）把轨道两端的堵头安装上，防止窗帘滑出，如图7-3-9所示。

图7-3-8　安装窗帘滑轮

图7-3-9　安装轨道堵头

5）把两端的堵头用自攻螺钉按照孔位固定，如图7-3-10所示。

6）用自攻螺钉将与窗帘配合的边缘卡扣依次固定在合适位置，如图7-3-11所示。

图7-3-10　固定堵头

图7-3-11　固定边缘卡扣

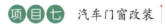

7）将窗帘卡扣与边缘卡扣依次扣上，使窗帘侧边固定牢靠，如图 7-3-12 所示。

8）安装完成，检验安装效果，如图 7-3-13 所示。

图 7-3-12　扣上卡扣

图 7-3-13　安装效果

安装商务窗帘

汽车灯光升级改装

➡️ 项目导入

汽车灯光的升级改装，时至今日已经不是什么特别新鲜的事儿了。追求时尚的汽车生活方式，已经得到越来越多的车主的认可。随着经济社会的进步，汽车保有量日益增加，人们对行车安全，特别是对夜间行车安全有了更高的要求。汽车灯光的升级改装方面，先后出现过多种不同的升级方式，方式不同，费用不同，效果也不同。

车主对原车配备的灯光的亮度、美观性以及功能等方面感到不足或感觉缺乏个性化时，往往会提出车灯改装的要求。通过灯光升级改装，车主可以改善内室环境，提升品位；可以提高灯光亮度，从而提升行车安全性；可以提高车辆美观性，凸显个性。在本项目中，我们将学习如何进行汽车内饰氛围灯加装；如何进行立柱罗马灯的加装；如何进行吸顶灯的加装。

随着科学技术的进步，虽然汽车制造商在不断地更新和升级汽车产品，然而许多汽车爱好者还是对原车的灯光不太满意。汽车灯光的改装虽然从颜值开始，最终目的却是为了更加安全。在本项目中，通过任务描述，我们将阐述汽车灯光升级改装的要求，并进行任务分析，引领学生分步骤完成任务点，拓展思维，并通过任务实施，将理论融于实践，通过知识链接，完成课后提升，温故而知新。

任务一 加装内饰氛围灯

✏️ 任务导入

说到汽车内饰，许多车主特别喜欢照明颜色的衬托，干净的内饰没有照明衬托，仿佛就没有了活力。像大厦一样，虽然外观宏伟壮丽，但到了夜晚，如果没有 LED 灯光的照射就会变得暗淡。汽车内饰也是这样，车内的氛围灯成为提高内饰面貌的一大工具。最初在豪华轿车上出现了氛围灯，随着氛围灯的普及，很多经济型家用车车主后期通过改装也能够拥有适合自己爱车的氛围灯。我们通过对内饰氛围灯的认知，了解氛围灯的特性和作用；合理选用氛围灯，在安装过程中合理布线，不损伤原车线路及内饰，完成内饰氛围灯加装。

改变内部装饰是细致活，汽车内的线路十分复杂，对于线路负荷、电压都有一定的规定，这就要求施工者具备精湛的技术，在施工中做到精益求精。根据车主对氛围灯的实际需求，合理选用氛围灯，并按照要求合理布线，完成氛围灯的加装。

学习目标

知识目标

1. 了解内饰氛围灯及其功能。

2. 掌握内饰氛围灯安装位置。

3. 掌握内饰氛围灯选用原则。

4. 掌握内饰氛围灯的加装方法。

技能目标

1. 能正确选择内饰氛围灯。

2. 能正确找到内饰氛围灯加装位置。

3. 能正确加装汽车内饰氛围灯。

素养目标

1. 培养学生一丝不苟、精益求精的工匠精神。

2. 培养学生团结协作、爱岗敬业的敬业态度。

3. 培养学生勇于实践、勇于创新的开拓精神。

4. 培养学生艰苦朴素、任劳任怨的劳动精神。

5. 培养学生安全生产、规范操作的安全意识。

6. 培养学生绿水青山就是金山银山、节能减排的环保意识。

7. 培养学生诚实守信、依法生产的法律观念。

知识链接

一、内饰氛围灯的概念

车辆氛围灯作为一种新型的内饰装饰灯具，一直受到许多年轻车主的喜爱。氛围灯本质上是一种 LED 型灯，因为其柔软性很高，所以可以安装在很多需要用到氛围灯的部位，车主可以根据自己的需要来变换车辆内氛围灯的颜色以及亮度。车内氛围灯通常是红色、蓝色、绿色等，主要为了使车厢在夜晚时更加绚丽。普罗旺斯紫、波罗的海蓝、巴塞罗那红、开罗金、托斯卡纳白、极地白、挪威森林绿……甚至还有说不上来的颜色。在柔和的灯光下，车内氛围灯营造出浪漫的氛围，提升整车的档次，如图 8-1-1 所示。

图 8-1-1　内饰氛围灯安装效果

二、内饰氛围灯常见安装位置

　　内饰氛围灯通常安装在汽车的方向盘、中控、脚灯、杯架、车顶、迎宾灯、迎宾踏板、车门、行李舱、车灯等位置，如图 8-1-2 所示。灯光营造出来的效果会给人一种家的温馨、舒适感，同时也会给人一种科技、奢华的美感。

图 8-1-2　内饰氛围灯安装位置

三、内饰氛围灯的功能

　　1）提升颜值。车内氛围灯最大的优点是提升颜值。内饰的装潢已经确定，不能改变，但是可以在车内的各处增加氛围灯。点亮氛围灯，在中控台的轮廓线、门板上，可以看到柔和的光自然地附着在内部装饰上，感觉很浪漫。

　　2）提高夜间行车的安全性。照明氛围灯的灯源主要是 LED 灯，光线非常柔软，过渡非常自然，从深到浅。虽然光线不集中，亮度不大，但是在黑暗的车厢里，在这狭小的空间里，还是能起到照明的作用。晚上开车容易犯困，车内很暗容易打瞌睡，但有氛围灯则不同，它可以随时提醒你。有一些带有呼吸功能的氛围灯，能够随着音乐的节奏变化改变灯光的颜色。

3）提高汽车的科技感，更现代化。

4）舒缓驾驶人的疲劳感，放松心情。

5）让车内生活更有仪式感，营造轻松愉悦的氛围，让汽车看起来更豪华和富有运动感。

四、内饰氛围灯的种类与选择

每个汽车品牌都有属于自己个性的氛围灯，比如：劳斯莱斯星光顶篷、宝马星空顶篷、奔驰和起亚的情绪氛围灯、荣威情感交互灯、雪佛兰动态环境照明等等。车主可以根据自己的需要，选择自己喜爱的氛围灯样式进行加装。

氛围灯可以与音乐结合，现有的部分氛围灯产品的结合效果比较呆板、单一，只能做到固定的变化，整体感觉会显得低端与山寨，甚至会对驾驶行为造成影响。色彩有情感，如果将颜色通过情绪这个媒介来结合，可能会更加和谐，并且能够提升顾客的感知，让整个产品变得更加高级。

情感与色彩的研究比较多，比如现在比较流行的色彩心理学，给出了许多研究成果。红色能让人兴奋，给人以速度、激情、热烈等情绪；黄色比较明亮，给人以青春、乐观、豁达的感觉；绿色代表自然、和平、友善；粉色代表轻盈、柔美等，如图8-1-3所示。

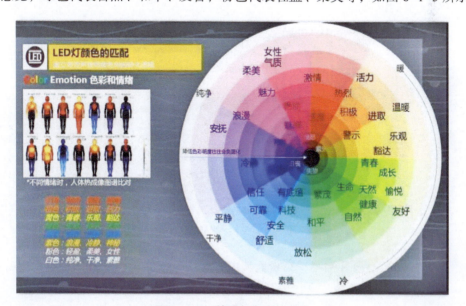

图 8-1-3 情感与色彩的关系

不同颜色的氛围灯带来的体验效果不尽相同，颜色种类不需要过多，重点是要能与汽车内饰设计风格完美搭配，匹配汽车品牌及定位。

1. 冷色系

（1）蓝光　蓝光深邃而神秘，令人感觉仿佛置身于海洋之中，有一种净化心灵之感，使人觉得好像所有的疲惫与压力都不复存在，能让狂躁的心情平静下来。蓝光氛围灯打造的是一种宁静悠远的气氛，同时蓝光也极大增加了内饰科技感氛围，如图8-1-4所示。

图8-1-4　蓝光氛围灯

（2）绿光　绿光给人一种净化心灵的感觉，令人仿佛置身于一片丛林之中，沐浴着阳光，呼吸着新鲜的空气。在绿光氛围灯的照射下，仿佛自己与自然融为一体，极大地降低了人的烦燥情绪，给人清快凉爽之感，如图8-1-5所示。一般这种颜色的氛围灯设计搭配透明材料载体最佳。

图8-1-5　绿光氛围灯

（3）紫光　紫光浪漫且神秘，高贵而典雅，用于汽车内饰中，可以极大地提升内饰档次，有一种尊贵且奢华的感觉，如图8-1-6所示。

2. 暖色系

暖色系一般指红橙光，红橙光给人的第一感觉就是温暖、热情、狂野。红橙光氛围灯让你在开车的时候随时都觉得被满满的安全感所包围，整体气氛热烈，如图8-1-7所示。

图 8-1-6 紫光氛围灯

图 8-1-7 红橙光氛围灯

3. 中性色调

中性色调一般指白光，白色给人的感觉是极简、干净、明快。白光是一种经典色，外加一些淡淡的蓝光后绿光，可以给人一种科技感十足外加温馨之感，如图 8-1-8 所示。

图 8-1-8 白光氛围灯

五、安装氛围灯的注意事项

1）氛围灯一般为 LED 型灯，该灯的材质非常柔软，可以安装在任何一个位置。但安装位置也必须合理，通常安装在门板边缘的细缝、中控台下。

2）请注意安装的氛围灯的亮度不要过高，不要影响正常的驾驶行为。如果亮度和照明灯一样，晚上开车车内比车外亮，会看不见外面的道路状况，非常危险。

3）改变内部装饰是细致活，汽车内的线路十分复杂，对于线路负荷、电压都有一定的规定，万一弄错，会导致后续很麻烦的后果，因此改装施工必须做到专业、细致。

任务实施

实训准备

1．实训人员必须穿戴相应的防护用品（工作服、口罩、防护手套、护目镜等）。

2．开展实训作业之前对汽车外观做好必要的防护（行李舱盖、翼子板、车门等），以免操作过程中划伤车漆。

3．严格按照工艺流程操作。

实训时间

90 分钟

1）用内饰撬板和扳手套装配合拆下需要安装氛围灯的前车门内饰板，断开线束，取下内饰板，如图 8-1-9 所示。

2）用手电钻配合合适的钻头，将前车门内饰板内侧的塑料焊点去除，如图 8-1-10 所示。

图 8-1-9　拆卸前车门内饰板

图 8-1-10　去除塑料焊点

3）用内饰撬板从前车门内饰板正面拆卸掉原车内饰条（图 8-1-11），注意不要损伤内饰板。

4）将氛围灯的插头从合适的孔洞穿过内饰板进入内侧，如图 8-1-12 所示。

图 8-1-11　拆卸原车内饰条

图 8-1-12　插头进入内侧

5）将氛围灯内饰条安装在原车卡槽中，一定要压实，不能有缝隙，如图 8-1-13 所示。

6）使用超声波焊枪对原先破坏的焊点进行焊接，如图 8-1-14 所示。

图 8-1-13　安装氛围灯内饰条

图 8-1-14　焊接焊点

7）用手电钻在车门下方的储物槽背面钻一个用来安装储物灯的小孔，如图 8-1-15 所示。

8）将储物灯插入小孔安装牢固，如图 8-1-16 所示。

图 8-1-15　钻安装储物灯的小孔

图 8-1-16　安装储物灯

9）取出提前准备好的前门氛围灯，将前门氛围灯插头插好，如图 8-1-17 所示。

10）将前车门内饰板火线与氛围灯电源线用电烙铁进行锡焊焊接，连接牢靠，如图 8-1-18 所示。

11）将热缩管套到焊接接头处，加热进行包覆，如图 8-1-19 所示。

12）把前车门内饰板氛围灯预留槽背面的塑料焊点用手电钻去除掉，如图 8-1-20 所示。

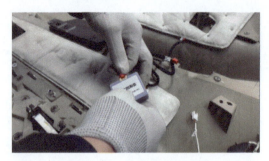

图 8-1-17　插好氛围灯插头

图 8-1-18　锡焊焊接火线

图 8-1-19　包覆焊接接头

图 8-1-20　去除塑料焊点

13）用内饰撬板拆下塑料盖板，如图 8-1-21 所示。

14）将氛围灯安装在盖板内，如图 8-1-22 所示。

图 8-1-21　拆卸塑料盖板

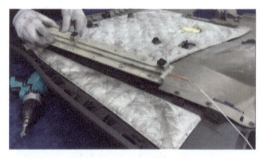

图 8-1-22　安装氛围灯

15）安装拆下的塑料盖板，用橡胶锤轻轻敲击确保没有缝隙，如图 8-1-23 所示。

16）用超声波焊枪对原先拆卸的焊点位置进行焊接，如图 8-1-24 所示。

图 8-1-23　安装塑料盖板

图 8-1-24　焊点焊接

17）不要安装车门内饰板，通电预先对安装的氛围灯进行测试，如果氛围灯效果不好，应检查插头连接情况，如图 8-1-25 所示。

18）如果效果良好，则将前车门内饰板安装好，如图 8-1-26 所示。

图 8-1-25　通电测试

图 8-1-26　安装前车门内饰板

任务二　加装立柱罗马灯

✏️ 任务导入

大多数汽车自带的 2 条反光柱虽然能在夜间起到发光效果，但是效果微弱，同时下部分尾灯的位置偏低，起到的警示效果也大打折扣。正因如此，越来越多的车主选择加装立柱罗马灯，警示效果明显提升，在开车的途中多一份保障，同时让爱车更加时尚美观。

因为涉及灯光的升级改装，所以要求施工者在施工时一定要耐心细致。汽车内的线路十分复杂，对于线路负荷、电压都有一定的规定。根据车主对立柱罗马灯的实际需求，合理选用立柱罗马灯，并按照要求合理布线，完成立柱罗马灯的加装。

✏️ 学习目标

知识目标

1. 了解立柱罗马灯及其特点。
2. 掌握立柱罗马灯功能。
3. 掌握立柱罗马灯改装方法。

技能目标

1. 能正确拆除原车反光柱。
2. 能正确加装立柱罗马灯。

素养目标

1. 培养学生一丝不苟、精益求精的工匠精神。
2. 培养学生团结协作、爱岗敬业的敬业态度。
3. 培养学生勇于实践、勇于创新的开拓精神。
4. 培养学生艰苦朴素、任劳任怨的劳动精神。
5. 培养学生安全生产、规范操作的安全意识。
6. 培养学生绿水青山就是金山银山、节能减排的环保意识。
7. 培养学生诚实守信、依法生产的法律观念。

知识链接

一、立柱罗马灯改装目的

1）为了增加爱车颜值，大大提高美观性，如图 8-2-1 所示。

2）为了提高夜间行车安全性，降低追尾概率，如图 8-2-2 所示。安装立柱罗马灯后，制动时，后立柱灯全亮，如图 8-2-3 所示；行车时，后立柱灯常亮 30%，如图 8-2-4 所示。

图 8-2-1　立柱罗马灯的美观性

图 8-2-2　立柱罗马灯的夜间效果

图 8-2-3　制动时立柱罗马灯的效果

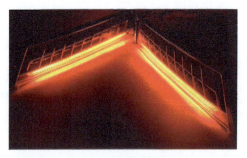
图 8-2-4　立柱罗马灯行车时的效果

二、立柱罗马灯特点

立柱罗马灯安装前后有非常明显的效果变化，如图 8-2-5 所示。立柱罗马灯的特点如下：

1. 时尚耀眼

全新设计理念，更具视觉冲击力，贴合原车灯位，加强行车安全。

2. 专车专用

原车开模数据，专用卡位，尺寸与原车高度贴合。

3. 高亮灯珠

灯珠由 LED 芯片组成，亮度高、色温稳定、能耗低，且使用寿命长。

4. 无损安装

直接对接原车线路，无需破线改装，低升高配简单升级。

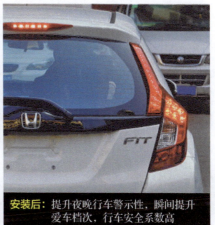

图 8-2-5　安装前后效果对比

任务实施

实训准备

1. 实训人员必须穿戴相应的防护用品（工作服、口罩、防护手套、护目镜等）。

2. 开展实训作业之前对汽车外观做好必要的防护（行李舱盖、翼子板、车门等），以免操作过程中划伤车漆。

3. 严格按照工艺流程操作。

实训时间

90 分钟（以 C 柱立柱罗马灯加装为例）

1）拆除前门和中门下门槛板塑料件，从熔丝盒总成 ACC 取电，将电线沿着下门槛布置至 C 柱，如图 8-2-6 所示 。

2）使用内饰撬板拆卸 C 柱塑料内饰板，如图 8-2-7 所示。

图 8-2-6　布置电线

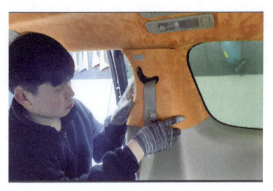

图 8-2-7　拆除 C 柱内饰板

3）将车底地毯取出，如图 8-2-8 所示。

4）根据立柱罗马灯大小，将立柱罗马灯调整至合适位置并做好标记，使用手电钻对内饰板进行打孔，如图 8-2-9 所示。根据立柱罗马灯插头的尺寸选择合适的钻头，钻头直径应稍微大于立柱罗马灯插头直径。孔的尺寸不宜太小，否则插头无法穿透内饰板。

图 8-2-8　取出车底地毯

图 8-2-9　手电钻打孔

5）将立柱罗马灯插头从内饰板的正面穿到内饰板背面，如图 8-2-10 所示。

6）将预先布好的电线插头跟立柱罗马灯插头连接，如图 8-2-11 所示。

7）查看内饰板安装卡扣是否有破损，如有破损应及时更换，完成内饰板的安装。调整立柱罗马灯上下左右位置，保证安装位置在 C 柱内饰板中心位置，使用十字螺钉旋具配合自攻螺钉将立柱罗马灯安装在内饰板上，固定锁紧，如图 8-2-12 所示。

图 8-2-10　穿过插头

图 8-2-11　连接插头

8）将立柱罗马灯盖板安装至立柱罗马灯上，注意用力不可过大，否则容易损坏背面卡扣，如图 8-2-13 所示。

图 8-2-12　固定立柱罗马灯

图 8-2-13　安装立柱罗马灯盖板

9）将车辆通电调至 ACC，通电测试立柱罗马灯，安装完毕，如图 8-2-14 所示。

图 8-2-14　测试效果

任务三 加装吸顶灯

🖊 任务导入

大型汽车，特别是商务车，其后排顶灯亮度普遍较低，影响视线，结构也过于简单，无法兼顾商用。为满足客户对汽车内饰高端装潢的追求，后排加装 LED 吸顶灯成了商务车的标准配置。另外很多车主都会对商务车进行整体升级，提升豪华感和高品质的内饰质感。通过了解汽车吸顶灯的作用、常见类型和选择方法，采取恰当的安装工艺，完成对商务车吸顶灯的安装，施工后实现吸顶灯与原车内饰风格完美融合。

汽车吸顶灯种类繁多，需要根据车型特点和客户需求选择吸顶灯的具体形式。汽车吸顶灯安装需要严格遵守操作规程，保证电气设备安装安全、美观。

🖊 学习目标

知识目标

1. 了解汽车吸顶灯的作用、常见类型和选择方法。
2. 掌握确定吸顶灯安装位置以及在原车顶篷开孔的方法。
3. 掌握汽车吸顶灯机械部分安装方法。
4. 掌握汽车吸顶灯电气部分安装方法。

技能目标

1. 能正确选择合适的汽车吸顶灯。
2. 能正确使用工具对原车顶篷开孔。
3. 能正确对汽车吸顶灯机械结构进行安装。
4. 能正确对汽车吸顶灯电气部分进行安装。

素养目标

1. 培养学生一丝不苟、精益求精的工匠精神。
2. 培养学生团结协作、爱岗敬业的敬业态度。
3. 培养学生勇于实践、勇于创新的开拓精神。
4. 培养学生艰苦朴素、任劳任怨的劳动精神。
5. 培养学生安全生产、规范操作的安全意识。

知识链接

一、加装吸顶灯的作用

商务车后排顶灯亮度低，对视线较为影响，结构也过于简单，无法兼顾商用。为满足车主对商务车内饰的追求，后排加装 LED 吸顶灯成了商务车的标准配置。另外很多车主都会对商务车进行整体升级，提升豪华感和高品质的内饰质感，从而营造车内的豪华氛围，应对商务接待和日常需求顶灯配置了可触摸开关，灵动触控，点亮生活。顶灯关闭状态下开启壁灯，暗黄的光线更有利于身心的放松。如需阅读或办公时，可开启部分灯光，营造出柔和温馨的氛围。当灯全部点亮后，灯光绚丽十足，仿佛置身舞台中央，成为最瞩目的焦点。

二、车用吸顶灯的常见类型

商务车改装中最重要的一项就是车顶灯饰的改装，一款设计非凡的灯饰，让商务车瞬间提升好几个档次，既能体现车主的品位，又具有观赏性。顶灯的颜色可以说是五彩缤纷，不仅有白的，还有红、绿、黄、蓝，甚至是可变色七彩的。吸顶灯的造型也是千变万化，常见的有九宫格式、钻石式、流星式、多段式等，也可根据自己的设计去定制。

1. 九宫格式吸顶灯

此种吸顶灯有一个最大的特色，就是全部都是由各种图形的格子组成的不同款式，这种车顶看起来简约大方，极致的简约更能体现返璞归真的高级感，如图 8-3-1 所示。

2. 流星式吸顶灯

流星式吸顶灯造型典雅，能够凸显车顶装潢的高贵风格，如图 8-3-2 所示。

图 8-3-1　九宫格式吸顶灯

3. 钻石式吸顶灯

钻石式吸顶灯也是常用的顶灯造型，线条以斜线为主，能够与方正的边框形成对比效果，避免风格单调，如图 8-3-3 所示。

4. 多段式吸顶灯

多段式吸顶灯一般使用得比较少，如果是车顶面积比较大的车型，则使用多段式吸顶灯可尽显大气风格，但价格较高，如图 8-3-4 所示。

图 8-3-2　流星式吸顶灯

图 8-3-3　钻石式吸顶灯

图 8-3-4　多段式吸顶灯

三、车用吸顶灯的电路原理

车用吸顶灯主要的电气部件有 3 个，分别是电源稳压器、调光控制器（含遥控器）、灯具，如图 8-3-5 所示。供电需要使用汽车上的 ACC 电源。连接电源时最好使用取电器，并安装熔丝。

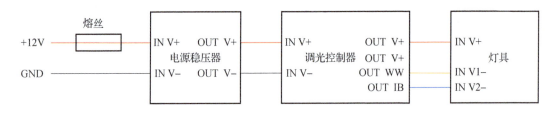

图 8-3-5　车用吸顶灯电气部件

电源稳压器可以在汽车供电电压波动较大时，实现动态调节，使灯具供电电压稳定，其外形如图 8-3-6 所示。

使用调光控制器可以实现通过遥控器对灯具状态的切换，比如颜色变换和闪烁动作等，其外形如图 8-3-7 所示。

图 8-3-6　电源稳压器外形　　　　图 8-3-7　调光控制器外形

四、车用吸顶灯的结构

车用吸顶灯主要由灯体、灯框、LED 氛围灯条、安装支架、电气控制组件、安装附件等组成，如图 8-3-8 所示。安装支架由前支架、后支架、连接套管组成。在前后支架的一端各带有两个叉状结构，用于插入汽车顶篷横梁边缘缝隙，实现支架的安装固定。

图 8-3-8　车用吸顶灯的结构

任务实施

实训准备

1. 实训人员必须穿戴相应的防护用品（工作服、口罩、防护手套、护目镜等）。

2. 开展实训作业之前对汽车外观做好必要的防护（发动机舱盖、翼子板、车门等），以免操作过程中划伤车漆。

3. 严格按照工艺流程操作。

实训时间

90 分钟

1）准备好改装需要的配件和工具，以别克 GL8 商务车为例进行说明。

准备别克 GL8 专用吸顶灯套件 1 套，样式可根据个人喜好选择，如图 8-3-9 所示。准备改装工具：美工刀 1 把、电动或普通螺钉旋具 1 把（十字形）。

图 8-3-9　吸顶灯套件

2）在汽车顶篷上确定开孔位置，将吸顶灯摆放在顶篷上确认大体位置，如图 8-3-10 所示。

3）用塑料撬板撬开顶灯装饰条，如图 8-3-11 所示。

图 8-3-10　汽车顶篷安装孔位置确定　　　　图 8-3-11　撬开装饰条

4）用记号笔标记吸顶灯的螺钉孔位，如图 8-3-12 所示。

5）用钢直尺和记号笔在顶篷上画出吸顶灯的外轮廓，如图 8-3-13 所示。

图 8-3-12　标记螺钉孔位　　　　　　　图 8-3-13　标记吸顶灯外轮廓

6）在外轮廓的内侧用记号笔进行划线，划线位置与原矩形边的距离为安装木板宽度的一半，如图 8-3-14 所示。

7）用壁纸刀沿着内侧划线进行切割，如图 8-3-15 所示。

图 8-3-14 吸顶灯轮廓划线

图 8-3-15 切割顶篷

8）将安装木板摆放好以确认要固定的位置，如图 8-3-16 所示。

9）将安装木板放到顶篷背面用自攻螺钉固定，自攻螺钉应避开原先画好的吸顶灯螺钉孔位，如图 8-3-17 所示。

图 8-3-16 确定吸顶灯安装位置

图 8-3-17 固定木板

10）固定完安装木板，将顶篷翻正，如图 8-3-18 所示。

11）将做好的顶篷安装到车顶，并接上吸顶灯插头，如图 8-3-19 所示。

图 8-3-18 翻正顶篷

图 8-3-19 接上吸顶灯插头

12）将顶灯按照预先画好的标记孔用自攻螺钉固定，如图 8-3-20 所示。

13）将装饰条装回顶灯，如图 8-3-21 所示。

图 8-3-20　固定顶灯

图 8-3-21　安装装饰条

14）测试顶灯安装效果并完成操作，如图 8-3-22 所示。

图 8-3-22　安装效果

　　汽车吸顶灯一般使用遥控器控制，所以无需安装开关，只需要连接顶灯主电路。电源供电一般连接 ACC 供电线，通常在熔丝盒内使用取电器取电，并安装配套熔丝。这样取电也可以防止忘记关灯导致蓄电池亏电。然后根据电路图连接电源稳压器、调光控制器，最后连接到吸顶灯接口。布线时需要注意不要破坏原车线路，减少故障隐患，做好必要的绝缘处理。线路布置尽可能隐蔽，以防影响美观。

项目九 汽车其他电器升级改装

项目导入

汽车电器的升级改装，时至今日已经不是什么特别新鲜的事儿了。追求时尚的汽车生活方式，已经得到越来越多的车主的认可。随着经济社会的进步，汽车保有量日益增加，人们对汽车电器有了越来越高的要求，汽车电器升级改装也逐渐发展起来。这里说的电器升级改装项目主要包括车内吸顶电视、360°全景影像和行车记录仪的改装。

随着科学技术的进步，虽然汽车制造商在不断地更新和升级汽车产品，许多汽车爱好者还是对原车的电器功能不太满意。在本项目中，我们将通过任务导入，阐述加装吸顶电视、360°全景影像和行车记录仪的要求，并进行任务分析，引领学生分步骤完成任务点，拓展思维，并通过任务实施，将理论融于实践，通过知识链接，完成课后提升，温故而知新。

任务一 加装吸顶电视

任务导入

随着我国经济和社会的快速发展，人们已经不再满足于拥有汽车实现自主旅行，而且对于扩展汽车的用途及提高乘坐舒适性等方面也有了更多需求。其中安装车载吸顶电视，特别是商务车安装车载吸顶电视，不仅可以升级原车配置，使车辆的乘坐舒适性进一步提高，还可以通过它在商务接待时展示公司形象，缓解长途乘车的枯燥乏味，同时方便乘员在车上商务办公。通过了解车载吸顶电视功能和配件选择方法，采取恰当的安装工艺，完成车载吸顶电视的改装。改装过程中应注意不要损坏原车设备，并保证电路连接应合乎规范。

车载吸顶电视的改装需要了解电视的功能，并根据改装车型和用户需求选择合适的改装配件，严格遵守改装流程安装并调试车载吸顶电视。

学习目标

知识目标

1. 了解车载吸顶电视功能。
2. 掌握原车有关设备拆除方法。

3. 掌握车载吸顶电视安装方法。

4. 掌握车载吸顶电视调试方法。

技能目标

1. 能正确选择合适类型的车载吸顶电视。

2. 能正确使用工具拆除原车有关设备。

3. 能正确安装车载吸顶电视。

4. 能正确调试车载吸顶电视。

素养目标

1. 培养学生一丝不苟、精益求精的工匠精神。

2. 培养学生团结协作、爱岗敬业的敬业态度。

3. 培养学生勇于实践、勇于创新的开拓精神。

4. 培养学生艰苦朴素、任劳任怨的劳动精神。

知识链接

一、车载吸顶电视概念

车载吸顶电视是移动数字电视的一种，通常安装在商务车、公交车、地铁和出租车等交通工具上，采用数字电视技术，通过接收外部信号输入的方式播放娱乐节目的车载娱乐系统。比如通过 USB、WiFi 等方式输入信号，部分车载电视还可以使用无线发射、地面接收的方式进行电视节目或广告节目转播。

二、安装车载吸顶电视的作用

在汽车上，特别是在商务车上安装车载吸顶电视，可以升级原车配置，使车辆的乘坐舒适性进一步提高，还可以通过它在商务接待时展示公司形象，缓解长途乘车枯燥乏味，以及方便乘员在车上商务办公。

三、车载吸顶电视的功能

目前的电器升级改装技术，可以实现无损安装超清吸顶电视以及商旅影视系统，匹配原车，休闲娱乐更加方便。车载吸顶电视一般具有电影播放、倒车显示、高清显示、智能CPU 等多种功能。可调节观看角度，最大为 130°。还具备手机投屏功能，可支持安卓 /苹果 iOS 系统投屏。

任务实施

实训准备

1. 实训人员必须穿戴相应的防护用品（工作服、口罩、防护手套、护目镜等）。

2. 开展实训作业之前对汽车外观做好必要的防护（发动机舱盖、翼子板、车门等），以免操作过程中划伤车漆。

3. 严格按照工艺流程操作。

实训时间

90 分钟

一、车载吸顶电视安装前准备工作

1. 安装工具准备

棘轮扳手 1 把、长接杆 1 个、17mm 套筒头 1 个、电工胶带 1 卷、十字螺钉旋具 1 把、塑胶撬板 1 个，如图 9-1-1 所示。

2. 吸顶电视安装附件准备

安装附件主要包括左旋螺纹螺栓和连接片 2 套、长短螺钉 6 颗、7 号电池 2 节、遥控器 1 个、免接线转接线束 1 条、主体固定支架 1 个。此外还配有使用说明书 1 本、简易安装说明书 1 份用于安装参考，如图 9-1-2 所示。

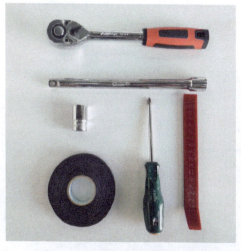

图 9-1-1　车载吸顶电视安装工具

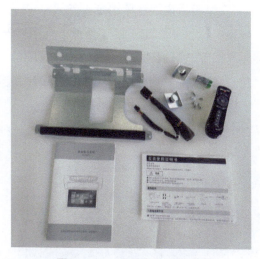

图 9-1-2　吸顶电视安装附件

二、吸顶电视主体固定支架安装方法

1. 拆除原车室内空调控制面板

1）安装吸顶电视一般需要占用原车空调控制面板位置，并使用空调控制面板的电路

接口，因此需要将空调控制面板拆除。使用塑胶撬板贴近空调控制面板背部卡扣位置用力撬开，如图 9-1-3 所示。

2）注意拆卸时不要留下划痕，可使用防护套保护，防止划痕影响美观。撬开后，用手用力向外掰开（图 9-1-4），同时断开空调控制面板后面的绿色插头卡扣（图 9-1-5），即可拆下空调控制面板。取下空调控制面板后放好，避免安装过程中受到损伤。

图 9-1-3　使用塑胶撬板拆卸空调控制面板

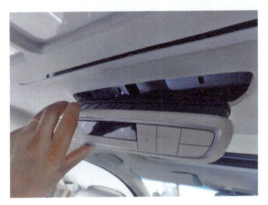

图 9-1-4　空调控制面板拆卸操作图

图 9-1-5　空调控制面板后面的绿色插头卡扣位置

2. 安装吸顶电视主体固定支架

吸顶电视主体固定支架是吸顶电视主体安装后的主要受力部件，安装必须牢固，安装时还要注意不能影响到吸顶电视的电路安装。

1）在附件中找到 2 个左旋螺纹连接片，将它们用双面胶粘贴在空调控制面板固定支架上，如图 9-1-6 所示。

2）将电视主体固定支架靠紧安装面，并对准螺栓孔，如图 9-1-7 所示。

图 9-1-6　连接片与支架固定

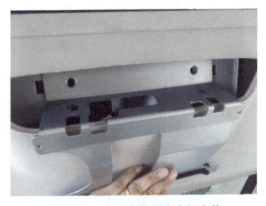

图 9-1-7　电视主体固定支架安装

3）使用配套的螺栓将电视主体固定支架、空调控制面板固定支架、连接片三者连接为一体。安装螺栓时可先用手预紧，然后再用扳手拧紧，如图9-1-8所示。

4）支架装好后，需将原车插头取出外露，方便后续连接电视线束，如图9-1-9所示。

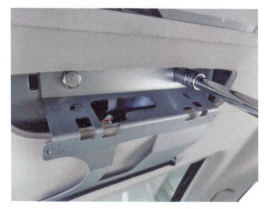

图9-1-8　电视主体固定支架螺栓紧固

图9-1-9　原车插头外露

三、车载吸顶电视主体部分的安装方法

1）控制线束对接原车插头并插紧，可使用电工胶带包好，以免脱落，如图9-1-10所示。

2）安装吸顶电视主体前，需要将固定螺钉安装孔位上的橡胶扣盖先取出，如图9-1-11所示。

图9-1-10　控制线束连接

图9-1-11　打开螺钉安装孔橡胶扣盖

3）将吸顶电视主体电源插头与原车电源线插座插紧，使用电工胶带包好，以免脱落，如图9-1-12所示。

4）将连接线束长度多余部分，塞入支架孔内，以防安装吸顶电视主体时线束妨碍安装，如图9-1-13所示。

图 9-1-12　吸顶电视主体电源插头连接

图 9-1-13　连接线束放置方式

5）电视主体背部卡槽镶嵌对位，并将空调控制面板插头取出，便于面板线束连接，如图 9-1-14 所示。注意：固定吸顶电视主体的固定螺钉孔位不可以被多余的线束挡住，否则拧螺钉时会连电导致吸顶电视损坏。

6）使用短螺钉，将螺钉对准安装孔位并预紧，在全部螺钉安装到位后，依次拧紧固定，如图 9-1-15 所示。

图 9-1-14　空调控制面板插头取出操作

图 9-1-15　固定螺钉安装

7）先连接空调控制面板线束，然后安装空调控制面板，车载吸顶电视硬件安装完毕，如图 9-1-16 所示。

图 9-1-16　车载吸顶电视硬件安装完成

四、车载吸顶电视调试方法

车载吸顶电视安装后需要通电测试,以验证安装质量和对电视功能进行设置。

1)通电测试,由于电视设备线束较多,安装位置狭小,安装容易引发故障。如果电视能正常显示功能主界面,则说明安装无误,如图 9-1-17 所示。

图 9-1-17　车载吸顶电视通电测试

2)功能设置,可参照使用说明书并使用遥控器进行必要的功能设置,首先可找到"设置"位置并点击进入,如图 9-1-18 所示。

3)在右下角位置进入"系统",如图 9-1-19 所示。

图 9-1-18　车载吸顶电视功能设置选项

图 9-1-19　车载吸顶电视系统设置

4)在系统中可以设置延迟关机功能,也可以设置为关闭,锁车时电视可以直接关机,如图 9-1-20 所示。如果所有测试功能正常,则设置完毕。

图 9-1-20　车载吸顶电视关机设置

5）依次盖好螺钉孔位橡胶扣盖，车载吸顶电视安装调试完毕的最终效果如图 9-1-21 所示。安装工作结束后需要整理工具、清理现场。

图 9-1-21　车载吸顶电视安装调试完毕效果

任务二 加装 360° 全景影像认知

 学习目标

知识目标

1. 了解 360° 全景影像的市场应用。
2. 掌握驾驶辅助功能的发展。
3. 掌握 360° 全景影像的优点和缺点。
4. 掌握加装 360° 全景影像的方法。

技能目标

1. 能正确选择 360° 全景影像系统。
2. 能正确说出驾驶辅助功能的发展历程。
3. 能正确理解并说出加装 360° 全景影像的方法步骤。

素养目标

1. 培养学生一丝不苟、精益求精的工匠精神。
2. 培养学生团结协作、爱岗敬业的敬业态度。
3. 培养学生勇于实践、勇于创新的开拓精神。
4. 培养学生艰苦朴素、任劳任怨的劳动精神。

5. 培养学生安全生产、规范操作的安全意识。

6. 培养学生诚实守信、依法生产的法律观念。

知识链接

一、360° 全景倒车影像概念及应用

360° 全景倒车影像（简称 360° 全景影像），是一套通过车载显示屏幕观察汽车四周的全景融合、超宽视角、无缝拼接的适时图像信息的泊车辅助系统，又叫全景泊车影像系统或全景停车影像系统。

有的地方也称之为全车可视系统、全景可视系统、全景泊车系统、360° 全车可视系统，它是后视倒车影像系统的升级换代产品，是最新的真正意义上的"全景倒车影像系统"。主要可以用于避免视觉盲区、进行事故责任鉴定、防止被故意剐蹭、看清怀疑通不过的限宽路段以及防止倒车入坑等。如图 9-2-1 所示。

图 9-2-1 360° 全景倒车影像系统的应用

倒车，一直是广大驾驶人头疼的问题，再有经验的驾驶人也有过刮碰经历。据统计，由于车后盲区所造成的交通事故在中国约占 30%，在美国约占 20%。难怪很多新手驾驶人不怕开车，就怕倒车，一倒车就手忙脚乱。虽然有倒车雷达，但车后的小孩、石头、大坑等又不能被倒车雷达识别，极易引起事故。因而，从原来的倒车语音到超声波探头，再到流行的可视倒车雷达，倒车系统一直在发展进步。现如今，单个后视摄像头的可视倒车雷达产品已经成为汽车的必备安全装备之一。然而，基于单个后视摄像头的可视倒车雷达只能看到车身正后方影像，无法同时看清车身四周状况，存在视觉盲区，难以满足驾驶人越来越苛刻的驾驶要求，因此就有了车身周围 360° 全景影像的需求，360° 全景倒车影像由此诞生。

360° 全景倒车影像可以更加直观和安全可靠地辅助倒车，给广大车友带来极大的方便，因此必然成为泊车系统的新趋势。因为该系统的应用市场前景很广阔，许多厂家纷纷加入研发的行列，市场上出现了一些能开发出 360° 全景倒车影像系统（系统配件如

图 9-2-2 所示）的厂家，打破了只有极少数豪华车才能拥有这种辅助倒车影像系统的市场局面。只要车辆带有 ESP（车身电子稳定系统）就可以安装。360° 全景倒车影像在汽车周围安装能覆盖车辆周边所有视场范围的 4 个广角摄像头，将同一时刻采集到的多路视频影像处理成一幅车辆周边 360° 的车身俯视图，最后在中控台的屏幕上显示（有别于分割图像），可彻底消灭车辆周围的视觉盲区，它能让驾驶人实时在车内监控车外前、后、左、右视频画面的情况，避免意外事件发生。同时配备的前后超声波倒车雷达，更是驾驶人的第三只眼睛，让驾驶人清楚查看车辆周边是否存在障碍物并准确了解障碍物的相对方位与距离，避免了倒车时因驾驶人看不到车后和左右两边的情况而发生刮碰与车祸，并可以通过画面的指示调整入库、倒库的角度，帮助驾驶人安全轻松停泊车辆。相比同样是刚兴起的自动泊车系统来说，360° 全景倒车影像系统更加实用，是目前市场上最好的泊车利器。

图 9-2-2   360° 全景影像系统配件

二、驾驶辅助功能的发展

1. 倒车雷达（图 9-2-3）

众所周知，车辆在倒车的时候，虽然能够通过车内后视镜观察车辆尾部的情况，但是后风窗玻璃以下的位置完全就是盲区，这也就导致很多车辆尾部的刮擦，甚至是各种悲剧的发生，为了解决这一问题，各种驾驶辅助功能应运而生，而倒车雷达就是早期高配车型的标配，现在则成为大部分车型的标配，足以见得倒车雷达这项功能的稳定性和实用性。

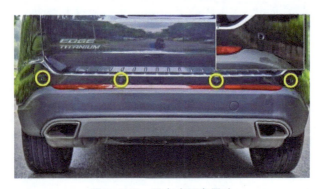

图 9-2-3   四点式倒车雷达

倒车雷达的工作原理其实是对蝙蝠的仿生设计，众所周知蝙蝠的视力很差，它是通过自身发出的超声波来辨别障碍物的位置，而倒车雷达也是如此，一般来说倒车雷达安装在车辆尾部和车头位置，当车辆切入倒档的时候，倒车灯给倒车雷达控制器供电，控制器驱动倒车雷达发出超声波，当遇到障碍物时，倒车雷达接收到反射波，然后控制器以数字的形式反馈到显示器上，并根据距离的长短发出不同频率的蜂鸣声，以此起到提醒驾驶人的作用。

倒车雷达好坏的检测：不管是原车倒车雷达还是后加装的倒车雷达，当倒车雷达不工作的时候，可以接通车辆电源（不起动车辆），然后将手指轻轻地放在倒车雷达的表面，来回摩擦，如果能够感受到倒车雷达"哒哒哒"的振动感，则证明倒车雷达探头没有损坏，此时我们需要排除倒车雷达控制模块是否有问题。

2. 倒车影像

随着驾驶辅助功能的不断发展，倒车影像（图9-2-4）逐渐取代倒车雷达，成为车主的又一选择，倒车影像主要是通过更换原车的 CD 机，再加装上后视摄像头，来实现倒车画面的呈现，而根据后加装的倒车影像系统屏幕的清晰度以及摄像头像素的高低，倒车成像效果也有所不同。

图 9-2-4 倒车影像

倒车影像好坏的检测：如果车辆倒车的时候，车辆屏幕没有切换至倒车画面，此时我们首先需要检查的就是倒车灯是否点亮，其次需要通过更换后视摄像头来判断摄像头是否故障，最后需要检查的则是处理器主机和后视摄像头的连接线是否出现短路的情况。

3. 360° 全景倒车影像

360° 全景倒车影像（图9-2-5）其实就是在传统倒车影像的基础上，又增加了前、左、右三个摄像头，四个摄像头拍摄的画面传送到中控处理器主机，处理器主机系统再通过算法将四个画面合成为一个俯视角度的实况影像，再加上 360° 全景倒车影像配备的鱼眼广角摄像头，所以四个摄像头拍摄的画面是有重合的，因此基本能够实现无缝拼接；但是受限于厂商对于系统的优化程度和算法不同，所以大部分 360° 全景倒车影像的画面边缘都存在广角畸变的问题。

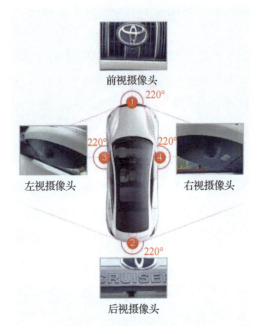

图 9-2-5　360° 全景倒车影像

360° 全景倒车影像的价格不但受限于处理器主机的好坏、摄像头的清晰程度，还和摄像头的种类有关，如果是打孔摄像头，这种摄像头的成本较低；如果是前格栅一体式摄像头以及后视镜外壳一体式摄像头，这种摄像头的成本就大大增加了，所以消费者在选择的时候一定要区分开来。

360° 倒车影像的检测：哪个角度的画面不显示，则更换哪个角度的摄像头即可。

三、360° 全景倒车影像的缺点和优点

1. 360° 全景倒车影像的缺点

1）价格昂贵，安装成本较高。虽说 360° 全景倒车影像只是在传统倒车影像的基础上增加了 3 个摄像头，但是使用的系统和算法却是完全不同的，所以在制造成本上会略高于传统的倒车影像。

其次就是安装成本，左右两个后视镜上面的摄像头以及前置摄像头的安装和布线是极其麻烦的事情，为了保持美观，我们要遵循原车的布线风格，那就是顺着车门板到中控的线束来穿线，最后再将四个摄像头的线汇总到中控处理器主机，如此一套 360° 全景倒车影像才算是安装成功，虽然表述得很简单，但是受限于空间大小的原因，布线的过程非常麻烦。

2）安装 360° 全景倒车影像的过程中，需要对车辆的内饰进行大面积的拆卸，容易导致次生故障发生，如图 9-2-6 所示。因为安装 360° 全景倒车影像需要在车上加装 4 个摄像

头，而安装这四个摄像头需要拆卸前格栅、左右后视镜和门板以及尾门装饰板，并且在布线的过程中，还有可能需要拆卸门槛条。毫不夸张地说，内饰几乎被拆得不成样子，而在拆卸过程中，不可避免地会造成门板卡扣的损坏，有的卡扣可以修复，有的卡扣不能修复，再遇到不专业的安装师傅，就会给我们以后使用车辆埋下各种安全隐患，尤其是异响的问题。

图 9-2-6　大面积拆卸安装

3）售后维修麻烦，容易对车辆造成二次伤害。如果 360° 全景倒车影像出现故障，尤其是前置摄像头和左右后视镜上面的摄像头出现故障的话，若是打孔安装（图 9-2-7），维修更换成本不算太高，但若是前格栅一体式摄像头或者是后视镜壳一体式摄像头损坏，更换这种一体式摄像头，成本大大增加不说，再次拆卸还会对车辆造成二次伤害，非常不值得。

4）通用款 360° 全景倒车影像需要对车辆进行打孔，美观性不足。现如今很多商家为了牟取更高的利润，给车主安装的都是打孔摄像头，就是在车辆的前格栅（图 9-2-8）、左右后视镜壳以及牌照灯上面打孔安装，不仅严重影响美观性，而且给车辆带来不可修复的损伤，属于投机取巧的行为，真正好的 360° 全景倒车影像都是原厂风格。

图 9-2-7　后视镜摄像头打孔安装

图 9-2-8　前格栅的打孔摄像头

5）容易造成车辆漏水。安装360°全景倒车影像需要拆卸车门到车框通电线的橡胶软管，位置如图9-2-9所示。德系车和美系车会在软管两头的位置设计有卡扣，而这些卡扣在拆卸的过程中，稍有不慎就会出现断裂的情况，此时再还原安装的话，软管和车门或者车框之间就会有缝隙，如果遇到大暴雨，就特别容易出现漏水的情况。

图9-2-9　橡胶软管

2. 360°全景倒车影像的优点

1）画面直观明了（图9-2-10）。对于很多新手驾驶人来说，360°全景倒车影像最后呈现出来的是俯视画面，更加地直观明了，并且360°全景倒车影像开机的时候，会有一个车辆四周360°环视画面，起到监视作用，能够最大程度上地避免碰瓷情况的发生。倒车的时候，车辆四周画面的呈现，让我们在倒车的过程中更加游刃有余。

图9-2-10　直观明了的画面

2）自带行车记录仪功能，实现对车辆360°无死角的监控，如图9-2-11所示。行车记录仪也是现如今新车的标配，而当我们安装360°全景倒车影像之后，我们完全不需要单独安装行车记录仪了，主要是因为360°全景倒车影像自带行车记录仪功能，并且相比于传统的前置＋后置的行车记录仪来说，360°全景倒车影像配备的行车记录仪功能，不但能记录车头和车尾的画面，更是能够记录车辆左右两侧的画面，对车辆实现更高程度的监控，可以完全避免被碰瓷情况的发生。

3）打左右转向灯会单独切换左摄像头或者右摄像头画面。在开车的过程中，因为我们坐在车辆的左侧，所以车辆左转或者左转掉头的时候我们比较容易观察后方的情况，但是如果是右转的话，单看后视镜还是有一定盲区的，此时右转向灯点亮，屏幕单独切换至右转画面，如图9-2-12所示，完全解决了我们右转盲区的问题。

图 9-2-11　无死角监控

图 9-2-12　切换右转画面

四、360°全景倒车影像的选择

目前市面上的360°全景倒车影像无论是质量还是价格都参差不齐，很多车主根本不知道如何去挑选一套合适的360°全景倒车影像，那么接下来就从安装的角度，教大家如何挑选一台又好又耐用的360°全景倒车影像。

1. 重点关注360°全景倒车影像系统的运行内存和机身内存

其实现如今的安卓360°全景倒车影像系统，就好像手机一样，运行内存越大，意味着可以同时运行更多的软件，简单点来说就是不卡，所以运行内存越大越好；而机身内存越大，意味着可以安装更多的软件，同时还能够存储更长时间的行车记录仪画面，所以在选择360°全景倒车影像系统时一定要把运行内存和机身内存放在首位（图9-2-13）。

2. 摄像头优先选择一体式摄像头，安装效果更好更美观

虽然打孔摄像头更加便宜便捷，但要想无损安装出最好的效果来，不管是前置摄像头

还是左右后视镜的摄像头，都应选择一体式摄像头（图9-2-14）。至于后视摄像头可以选择牌照灯一体式的或者"小草帽"式居中安装的那种。

图 9-2-13　安卓 360° 倒车影像系统的内存

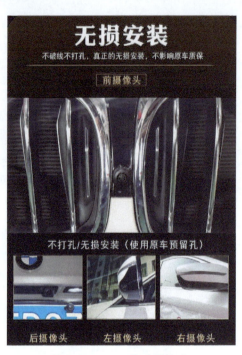

图 9-2-14　一体式摄像头

3. 摄像头要选择高清夜视的，屏幕要选择像素密度更高的

一般来说白天光线充足，所以摄像头的拍摄效果都还不错，只有到了晚上光线较暗的时候，这才是真正考验摄像头好坏的时候，此时如果摄像头的夜视效果不好的话，我们只能看到车辆周围的画面黑乎乎的一片，完全起不到拍摄作用，而一个好的摄像头，还需要一套好的处理器主机屏幕来匹配，不然也是达不到想要的效果（图9-2-15）。

图 9-2-15　屏幕差异

4．重中之重——选择技术好的安装店

其实抛开产品好坏这个因素，师傅安装手艺的好坏直接决定了今后使用的稳定性，如果遇到不专业的师傅，拆装过程中造成各种卡扣和饰板的损坏，并且还抱着糊弄的心态来安装，那么今后在使用的过程中就会出现各种次生故障，并且这种次生故障是无法完全解决的。

任务实施

一、在实训室进行实训准备并记录

1．实训人员必须穿戴相应的防护用品（工作服、口罩、防护手套、护目镜等）。

2．开展实训作业之前对汽车外观做好必要的防护（发动机舱盖、翼子板、车门等），以免操作过程中划伤车漆。

3．严格按照工艺流程操作。

4．根据工艺需要准备工具和材料。

二、在互联网上观看 360°全景影像安装操作的视频并记录操作步骤

任务三 加装行车记录仪认知

✎ 学习目标

知识目标

1．了解行车记录仪与 360°全景影像的区别。

2．掌握行车记录仪的功能和结构。

3．了解行车记录仪的分类。

4．理解行车记录仪的安装方法和流程。

技能目标

1．能正确区分行车记录仪和 360°全景影像。

2．能正确辨别行车记录仪的配件名称。

3．能理解并说出行车记录仪的安装方法。

素养目标

1．培养学生一丝不苟、精益求精的工匠精神。

2．培养学生团结协作、爱岗敬业的敬业态度。

3. 培养学生勇于实践、勇于创新的开拓精神。

4. 培养学生艰苦朴素、任劳任怨的劳动精神。

5. 培养学生安全生产、规范操作的安全意识。

知识链接

行车记录仪能客观地记录机动车发生车祸前驾驶人的操作过程，有效地提供驾驶人在事故发生前、中、后做出的种种反应以及外界环境的变化情况。随着公交车、大型客车和校车强制安装行车记录仪，物流运输公司也开始强制安装行车记录仪，且行车记录仪渐成私家车"标配"，车辆安装行车记录仪已然成为趋势。路面拥堵时车辆随意变道、路口加塞、强行超车、紧急制动、转弯不打转向灯等行为最易引发马路暴力事件的发生。"路怒症"正成为汽车时代的一个世界通病，开车压力与挫折所导致的愤怒情绪在交通遇阻时会被强化并激发出来。别车、超车、辱骂、挑衅，往往由"车斗"升级为"人斗"，"以暴制错"引发一起起血案，不仅对双方造成了伤害，更是对社会公共安全构成了威胁。各类交通事件常常会被车辆的行车记录仪记录下来，成为还原事件经过的重要证据。行车记录仪在开车时边行驶边录像，同时把时间、速度、所在位置都记录在录像里，相当于"黑匣子"的功能。

一、行车记录仪与360°全景影像的区别

首先，从使用的效果方面来看，汽车行车记录仪很多时候都是通过内视镜显示，我们可以随意切换屏幕显示，在平时的时候对行车记录仪的依赖性不会很大；而全景影像却不同，上面我们也说了在左右两个后视镜上都安装了摄像头，所以我们在日常行车拐弯操作的时候使用到360°全景影像的概率还是很大的。

其次，从360°全景影像的名称上我们就可以知道，它是360°安全无死角的，除了在汽车的前面会配有前后两个摄像头外，还会在汽车左右两个后视镜的位置上再各自安排一个摄像头，这样完全做到了覆盖汽车车身的周围，在画面的清晰度上会比汽车行车记录仪的摄像头拍下的画面更加清晰，同时全景影像线路安装更加复杂，因此从价位方面看的话全景影像会比汽车行车记录仪高一些。

而且，目前360°全景影像技术已经迅速发展起来，不仅仅是用于汽车影像，还成了一种视觉展示方式，通过360°无死角的方式可以展现任意场景，让人们足不出户就可以身临其境感受现场。

实际上不管是汽车行车记录仪，还是360°全景影像，都可以很好地为车友提供更多的便捷，在开车的时候最为主要的还是要提高自身的驾驶技术，只有这样才可以更好地避开一些突发情况，及时采用正确的处理方法。

二、行车记录仪的功能

1. 维护驾驶人的合法权益

在道路上行驶时，难免遇到横穿马路的行人及骑自行车、摩托车的人员，万一和他们产生了刮碰，有可能会被敲诈勒索，如果有了行车记录仪，驾驶人就可以为自己提供有效的证据。

2. 明确事故责任

将监控录像记录回放，事故责任一目了然，交警处理事故快速准确；既可快速撤离现场恢复交通，又可保留事发时的有效证据，营造安全畅通的交通环境。

3. 降低事故发生率

如果每辆车上都安装行车记录仪，驾驶人就不敢随便违章行驶，事故发生率也会大幅度下降，肇事车辆都会被其他车辆的行车记录仪拍摄下来，交通肇事逃逸案将大大减少。

4. 为法院和保险公司提供依据

法院在审理道路交通事故案件时，在量刑和赔偿上将更加准确和有据可依，也给保险公司的理赔提供了证据。

5. 提供事故现场证据

碰到专业碰瓷的和拦路抢劫的，行车记录仪可以提供破案的决定性的证据：事故发生现场和案犯的外貌特征等。

6. 作为监控使用

作为家用监控使用，平时还可用于停车监控。

三、行车记录仪的组成

行车记录仪主要由主控芯片、图像传感器以及镜头三部分组成。

1. 主控芯片

主控芯片（图 9-3-1）主要负责对图像进行处理、压缩及美化，相当于电脑的 CPU，是行车记录仪最核心的部件。目前市面上的主控芯片厂商众多，能提供成熟方案的主流厂商有安霸（Ambarella）、联咏（Novatek）、晨星（Mstar，收购了 AIT）、全志（Allwinner）等。成熟的芯片方案使用稳定性好，在遇到如弱光、剧烈振动等极端情况时，也能在短时间内处理和存储信息，不易出现死机、漏录等现象。

图 9-3-1　主控芯片

2. 图像传感器

　　图像传感器（图 9-3-2）也叫感光芯片，光线经过光学镜头在图像传感器上由光信号转变成电信号，再通过模数变换器芯片转换成数字信号，由主控芯片进行统一处理。图像传感器上的感光元件拥有众多像素颗粒，是构成图像的最小单元，也是决定画面质量的重要部件。

3. 镜头

　　行车记录仪的镜头（图 9-3-3）由多层镜片组成，影响其品质的因素主要有材质和镀膜，一般而言，镜片层数越多，镜头的表现力越好。镜片的材质分为玻璃（Glass，简称 G）和树脂（Pitch，简称 P）。相比于玻璃镜片，树脂镜片具有容易划伤、高温暴晒会变形和易出现裂纹的缺点，一般有实力的大厂家都不会采用这种材质的镜头；玻璃材质的镜片图像清晰，不受温度影响，是目前行车记录仪镜头的主要材质方案。无论是玻璃镜片或树脂镜片，都存在一定的阻光作用，每片玻璃阻光 8%、树脂约 10%，而镀膜可以大大提高透光度。

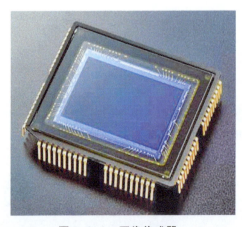

图 9-3-2　图像传感器　　　　　　　图 9-3-3　镜头

四、行车记录仪的分类

1. 按照装配方式分类

按照装配方式，行车记录仪主要分为便携式行车记录仪与后装车机一体式DVD行车记录仪两大类，其中便携式行车记录仪又分为后视镜行车记录仪与数据行车记录仪，这类记录仪具有隐蔽性好、安装方便、可拆卸更换、成本低、使用简单等特点；而后装车机一体式 DVD 行车记录仪一般是专车专用，又分为前装和后装两种，安装这种行车记录仪成本较高，改装难度较大，但是安装之后可以保持车内环境的美观，此外，也有部分豪华车型在出厂时就已经安装了行车记录仪。

2. 按照摄像头数量分类

按照汽车摄像头的数量，可以将行车记录仪分为2路、3路、4路和8路行车记录仪。5 路输入，其中一路可以接后视摄像头使用，其他四路行车记录仪录像用。

3. 按照外观及功能分类

按照外观及功能可以分为：高清行车记录仪、迷你行车记录仪、夜视行车记录仪、广角行车记录仪、双镜头行车记录仪、多功能一体机、眼镜式多功能行车记录仪等。

4. 按照屏幕尺寸分类

按照屏幕尺寸可以分为 1.5 寸、2.0 寸、2.4 寸、2.5 寸、2.7 寸、3 寸、3.5 寸、4.3 寸、4.7 寸、5 寸、7 寸和无屏幕等。

5. 按照存储容量分类

一般行车记录仪都没有内置内存的，要靠存储卡扩展或者使用移动数字硬盘。如果是 Micro SD 卡扩展或者是 SD 卡扩展，容量为 2G、4G、8G、16G、32G 不等；如果是移动数字硬盘，容量可为 250G、500G、1000G 等，能满足用户更大的视频储存需求。选择行车记录仪，可按个人所需配置，存储容量越大行车记录仪价格当然就越高，一般要按行车记录仪录像的清晰度及摄像头的记录储存来决定购买多大的内存适合，高清的行车记录仪有 720p 和 1080p 的，4G 的卡录 720p 的视频只可以录制 1 个小时左右，1080p 的视频占用的空间差不多是 720p 的 2 倍。

6. 按照视频解析度分类

视频文件的解析度和帧流率是衡量行车记录仪画面品质的一个重要指标，目前市场上的行车记录仪主要分为普清、高清、全高清、超清 4 种。

7. 按照拍摄角度分类

一般拍摄角度有几种，大多是根据摄像头的角度来调整：90°、100°、120°、

140°、150°、170° 等。主流的单镜头行车记录仪都配备 120° 或者 140° 的广角镜头。单镜头基本达不到 170° 的广角，即便达到 170° 画面也会严重变形，反而影响画面的清晰度。

8. 按照视频像素分类

按照像素划分，行车记录仪有 30 万像素和 130 万像素、200 万像素、500 万像素四种，有些标注 1200 万像素是指静态拍照，而并非视频像素值。

五、行车记录仪的参数

在选购行车记录仪的时候需要进行产品参数分析，分析拍摄角度、视频分辨率、压缩格式、缓存、夜视效果、录像是否可手动关闭、紧急录影、屏蔽措施、是否配存储卡等方面。

1. 拍摄角度

行车记录仪的摄像角度大多在 100° 左右，这个角度基本能够将车辆两边的车道都拍进去。当然，选择尽可能大的拍摄角度对于车主而言更好，不过这也需要花费更多的钱作为代价。

2. 视频分辨率

一般来说，视频分辨率为 1280×720 时基本能够保证所拍摄的前车牌照等能看清楚，旁边车道的车牌则要相对模糊些。此外，行车记录仪的 CMOS 芯片的感光能力以及外面的镜头的玻璃的好坏，直接关系到其夜晚拍摄的效果。

3. 压缩格式

行车记录仪大多采用 H.264 压缩格式，没有好的压缩方式不仅仅意味着占用更大的存储容量，同时对存储卡的速度要求更高，否则容易丢帧，影响存储卡与行车记录仪的兼容性。720P 分辨率 H.264 格式压缩的 1min 片段大小约为 60MB。对于车主而言，合理选择记录间隔时间和容量有助于发生事故时的及时取证，一般而言，选择 1min 作为间隔时间为宜。

4. 缓存

选择尽量大的缓存，能带来更流畅的视频及更好的存储卡兼容性。

5. 夜视效果

夜视效果是指产品低照度性能，出色的产品不是那种带 LED 灯和红外线灯的，再强的补光灯也没有两个前照灯亮，根本照不到路上的，并且照在前风窗玻璃上形成反光，行车记录仪将严重影响驾驶人视线和录像清晰度。

6. 录像是否可手动关闭

如果不能手动关闭，将不利于保护车内的隐私，说个什么事情，全被录下来了，可能会有很尴尬的状况出现。市面上正规厂家生产的行车记录仪都有一键静音的功能。

7. 紧急录影

基于前述行车记录仪循环录影的特性，如果有一段影像很重要，但以后的视频还要拍摄，那么前面重要的视频就会存在被自动删除的问题了。这时出现了紧急录影的设计，如果有重要的影像，只需手动按一个键，就会强制保存这段视频，在存储卡存满时也不会被自动删除。自动紧急录影是利用重力传感器，当监控到车在猛烈振动时会自动保护这段视频不被覆盖删除，在车辆发生碰撞时此功能会发挥重要作用。

8. 屏蔽措施

山寨产品为降低成本，设计时往往不采取任何屏蔽措施，没有经过严格的测试，还会干扰 GPS 导航、遥控器、收音机、胎压计和行车电脑等汽车电子产品，在出现状况时影响是巨大的。

9. 是否配存储卡

由于行车记录仪录制的视频文件非常巨大，高清视频每分钟高达近百兆字节，因此对存储卡写入的速度有着苛刻的要求。低速卡发热量很大，会导致行车记录仪死机。国内市售闪存卡鱼龙混杂，同一种卡，优质的芯片能反复擦写超过 100000 次，劣质的芯片只能反复擦写 2000 次左右。一般建议使用原装正版 CLASS6 以上的存储卡。

任务实施

一、在实训室进行实训准备并记录

1. 实训人员必须穿戴相应的防护用品（工作服、口罩、防护手套、护目镜等）。

2. 开展实训作业之前对汽车外观做好必要的防护（发动机舱盖、翼子板、车门等），以免操作过程中划伤车漆。

3. 严格按照工艺流程操作。

4. 根据工艺需要准备工具和材料。

二、在互联网上查询加装行车记录仪的操作视频，对照以下流程并记录

1. 安装前的准备

行车记录仪可以说是现在汽车必不可少的设备，它的安装过程也是十分的简单，但是在一些细节方面有些车主可能会忽略掉。

1）在准备安装前，要将存储卡插入行车记录仪的卡槽内，注意不要把存储卡插反，不然行车记录仪记录的视频将无法保存。

2）在安装位置方面，安装的位置要选在车辆的正中间，这样记录视野更开阔，但是不能安装得太往下，不然会遮挡住驾驶人的视野，一般来说建议安装在后视镜的后方，同时方便固定。

3）在固定走线方面，线束如果不隐藏好，会严重影响车内的美观度，可以沿着车的外廓走一圈，然后把线束固定在内饰上。

4）安装完成后，连接行车记录仪的电源线，并对行车记录仪进行功能测试，观察它是否能随车自启动，还要观察显示屏把行车记录仪调整到合适的角度。

2. 行车记录仪具体的安装方法

1）确定行车记录仪的最佳安装位置。建议安装在车内后视镜的右侧，尽量靠中间一些，这样拍摄的角度才会比较正，同时也更具有参考价值。

2）根据电源线的长度来确定最佳布线方案。安装最重要的还是走线，电源线需要按照一定的路线排布，不然电源线裸露会影响整体的美观。将电源线沿着顶篷边到A柱，然后是门框密封条，再是杂物箱底部、地毯内边，按照这个路线把电源线塞进去，最后插在汽车点烟器上即可。

3）将行车记录仪的电源线塞进车顶篷的缝隙内。

4）将车顶的电源线塞进去之后，把门框密封条拽下来。

5）将电源线塞入门框密封条内，对准A柱卡扣，用手轻轻将A柱饰板敲进去。

6）从A柱上端顺着门框向下，一边装密封条，一边将电源线塞入密封条内，直到仪表台最底端，然后将线甩出来。

7）将电源线穿到杂物箱后边。可以根据不同车型的实际情况，把线固定在杂物箱背后，或者藏在防火墙或地胶底下。

8）把中控台下边的饰板螺钉拧松，扒开一点小缝隙，把电源线塞入缝隙内，再将螺钉拧紧。

9）将点烟器电源插上，确认行车记录仪能通电并能正常启动。

行车记录仪调整完成后，需要将插头固定在锁紧支架上，使其没有活动空间。行车记录仪调整一次就可以了，不需要经常检查。但是，如果你的行车记录仪是固定在车内后视镜上的，别人开了你的车之后，就需要重新测试行车记录仪的可视范围了。因为调整后视镜后，行车记录仪的可视范围肯定会发生变化。如果不仔细检测，一旦出事很可能就拍不出需要的图片。

高等职业教育汽车类专业创新教材

汽车改装技术实务
任务工单及习题

班级：_____

姓名：_____

机械工业出版社

CONTENTS
目 录

第一部分　习题

项目一　汽车改装行业认知和基础改装

一、填空题

1. 汽车改装大体可以分为以下几类：汽车外观改装、（　　）、（　　）、（　　）、汽车电器改装等。

2. 汽车改装可以对车身外观、（　　）、（　　）、底盘等进行改装。

3. 欧洲 ABT 长期致力于赛车及汽车改装市场，提供动力、制动、（　　）、（　　）、轮毂等改装配件。

4. 中国汽车改装产品核心诉求主要分布在外观改装、（　　）、（　　）和智能化改装诉求上。

5. 汽车新四化分为智能化、（　　）、电动化及（　　）。

6. 车辆的结构包括车身颜色、（　　）、（　　）、（　　）四个硬性的标准以及发动机和相关的技术参数。

7. 汽车改装技术的应用领域及应用比例将日益扩大，（　　）、品牌化、（　　）、个性化、定制化逐步成为汽车改装市场的主流方向。

8. 随着中国新领证驾驶人规模增加，消费者对汽车动力性、（　　）和（　　）等的消费需求也是越来越多。

9. 全球汽车改装行业主要参与者集中在（　　）和中国、（　　）地区。

10. 汽车改装行业包括四大类：发动机改装、（　　）、电器改装、（　　）。

11. 可以对车身（　　）、底盘、（　　）、内饰、（　　）、灯光等进行改装。

12. 风噪就是车身周围的（　　）导致压力变化而产生的噪声。

13. 发动机噪声俗称"引擎噪"，除发动机体发出的机械声外，还包括进气系统噪声，即高速气体经（　　）、进气管、（　　）进入气缸，在流动过程中，会产生一种很强的气动噪声。

14. 发动机噪声主要由（　　）和（　　）的前底板部位传入驾驶舱。

15. 路噪和胎噪是因为轮胎和路面摩擦产生振动和噪声，可以从（　　）、（　　）、（　　）三个源头改善胎噪和路噪。

16. 对隔声棉材料的性能要求是（　　）、（　　）、（　　），而且环保、耐老化、防火阻燃性能要优秀。

17. 止振板拥有良好的隔声、减振、（　　）、隔热性能。

18. 张贴止振板时必须佩戴防护手套，因为止振板的表层是一层很薄的（　　），若操作不慎容易割伤手。

19. 将汽车隔声棉安装至门板的（　　），安装门板，车门隔声安装完成。

20. 汽车基础改装包括（　　）和（　　）改装。

二、判断题

1. 更换前保险杠属于改变汽车外形。（　　）

2. 改变在用汽车轮胎规格，改装进气系统、排气系统都是国家允许的变更项目。（　　）

3. 底盘封塑的施工流程是清洁、处理损坏部位和除锈蚀、遮护、喷涂、竣工检查。（　　）

4. 加宽轮胎，改装进气系统、排气系统等是不允许的。（　　）

5. 汽车改装就是人们对汽车外观进行的改造作业。（　　）

6. 可以随意更改汽车内饰。（　　）

7. 改装时不能随意升高底盘。（　　）

8. 风噪就是车身周围的气流合并导致压力变化而产生的噪声。（　　）

9. 车身上的金属构件在内部和外部作用下振动而产生噪声。（　　）

10. 空腔共鸣的频率在 50~300MHz 附近时，人体会感到极度不适。（　　）

11. 客运车辆内部的最大噪声不能小于 82dB。（　　）

12. 止振板的作用是减少铁皮振动的频率。（　　）

13. 常电取电时，全车线束总成需要取 3 根常电线和 1 根 ACC 线。（　　）

14. 为了严丝合缝，所更换的卡扣可以不是原车原厂卡扣。（　　）

三、简答题

1. 从现阶段来看，中国汽车改装行业大致存在哪三种发展模式？

2. 铺设线路时的注意事项是什么？

3. 加装隔声密封条可以使汽车相关性能显著提高。隔声密封条的作用是什么？

项目二　汽车前排座椅改装

一、填空题

1. 汽车前排座椅一般为（　　　）座椅和（　　　）座椅。

2. 汽车前排座椅调节有（　　　）和电动调节两种形式。

3. 一般而言座椅系统主要由座椅蒙皮、靠背、（　　　）、装饰件、头枕、（　　　）、调节机构、骨架等部分组成。

4. 座椅通风空调独有（　　　）。

5. 汽车座椅通风系统一般由通风孔、风口、风扇、滤清器和（　　　）组成。

6. 汽车座椅电加热是通过座椅内的（　　　）对座椅内部进行加热。

7. 座椅加热主要利用座椅里的（　　　）等进行加热。

8. 座椅通风主要分为（　　　）和（　　　）两种。

9. 座椅通风是汽车座椅空调的（　　　）。

10. 座椅电加热一般与（　　　）相结合。

二、判断题

1. 低配置车型全部都是手动座椅。　　　　　　　　　　　　　　　　　（　　　）

2. 汽车座椅按功能可分为手动座椅、电动座椅、悬挂座椅等。　　　　　（　　　）

3. 电动座椅调节包括座椅前后调节、座椅高度调节、坐垫角度调节。　　（　　　）

4. 电动座椅不具有座椅记忆功能。　　　　　　　　　　　　　　　　　（　　　）

5. 一般电动座椅具有两个到四个记忆功能。　　　　　　　　　　　　　（　　　）

6. 前排座椅加热都出现在选用真皮材料座椅的车辆上。　　　　　　　　（　　　）

7. 座椅加热的工作原理与电热毯类似。　　　　　　　　　　　　　　　（　　　）

三、简答题

1. 汽车座椅应当满足什么条件？

2. 座椅通风的原理是什么？

项目三　商务车中后排座椅改装

一、填空题

1. 在商务车内饰改造中，（　　）座椅已成为重要的改装项目之一。
2. （　　）在进行电动沙发床改装后，会影响行李舱空间。
3. （　　）舒适性高，通常具有电动前后调节、电动靠背角度调节、电动腿托、智能按摩、座椅加热、座椅通风等功能。
4. 通过在后排进行（　　），可使空间更大更舒适。
5. 航空座椅上的材料具有很高的（　　）。
6. 座椅通风可提供更温馨的（　　）。
7. 商务车改装项目主要就是针对（　　）。
8. 通过对（　　），加装航空座椅可满足乘员更高的需求。

二、判断题

1. 加装的航空座椅一般仅具备左右前后移动的功能。　（　　）
2. 航空座椅安全美观，所以在改装中广受欢迎。　（　　）
3. 加装后的座椅真皮可以使座椅透气。　（　　）
4. 加装航空座椅可以满足乘客更高的对于舒适性的要求。　（　　）
5. 七座 MPV 舒适性比较差。　（　　）
6. 七座座椅的优点和缺点并不明显。　（　　）
7. 商务车后排普通座椅功能也是非常全面的。　（　　）

三、简答题

1. 汽车电动沙发床的功能有哪些？

2. 电动沙发床的优点是什么？

3. 简述采用 2+2+3 座椅布置形式和 2+3+2 座椅布置形式各自的优点和缺点。

项目四 汽车底板改装

一、填空题

1. 实木地板的样式和纹路相对（　　　）。

2. 不同材质的实木地板价格相差（　　　）。

3. 市面上决定产品价格的因素是（　　　）、工艺、（　　　）。

4. 实木薄片地板的优点是价格（　　　），易于安装。

5. 实木薄片地板的缺点是（　　　），胶条与板条之间连接松软。

6. 大量胶水和 PVC 材料，造成一定的（　　　），影响健康。

7. 消费者在选购车型时非常注重（　　　）。

8. 汽车美观性和（　　　）同样受消费者重视。

9. 全包围汽车脚垫一般采用（　　　）。

10. （　　　）汽车脚垫比平面脚垫更实用。

二、判断题

1. 实木地板和印花地板种类单一。　　　　　　　　　　　　　　（　　　）

2. 不同材质的地板价格相差不是很大。　　　　　　　　　　　　（　　　）

3. 随着汽车市场的发展，汽车产销量也在不断提高。　　　　　　（　　　）

4. 汽车底板改装不是提高内饰档次的重要手段。　　　　　　　　（　　　）

5. 车载冰箱不能有效提高车内美观度。　　　　　　　　　　　　（　　　）

6. 车载冰箱是一种随车携带的冰箱。　　　　　　　　　　　　　（　　　）

7. 车载冰箱会消耗车上的电能。　　　　　　　　　　　　　　　（　　　）

三、简答题

1. 车载冰箱是如何分类的？

2. 休闲踏板的优点是什么？

项目五 汽车顶篷升级改装

一、填空题

1. （　　　）是汽车内饰中空间面积最大的一部分。

2. 顶篷内饰还可提高与车外的隔热、绝热效果，降低（　　　），提高（　　　）。

3. 汽车顶篷（　　　）是汽车整车内饰的重要组成部分。

4. 汽车顶篷一般由（　　　）和（　　　）复合而成。

5. 根据汽车顶篷的形式进行分类，可分为（　　　）和（　　　）。

6. 固定式顶篷可分为（　　　）和（　　　）。

7. 软顶按固定方式一般分为（　　　）和（　　　）两种。

8. 光纤照明系统是由（　　　）、反光镜、滤色片及（　　　）组成。

9. 光导纤维是利用了光的（　　　）原理。

10. 活动顶篷常见于（　　　）。

二、判断题

1. 顶篷装潢面料种类单一。　　　　　　　　　　　　　　　　　　（　　　）

2. 汽车顶篷提供隔声效果。　　　　　　　　　　　　　　　　　　（　　　）

3. 抗静电性指的是材料在使用过程中不产生静电作用。　　　　　（　　　）

4. 汽车新势力入场带来了汽车智能化浪潮。　　　　　　　　　　（　　　）

5. 汽车顶篷可分为固定式顶篷和活动式顶篷。　　　　　　　　　（　　　）

6. 固定式顶篷仅仅指的是指硬顶篷。　　　　　　　　　　　　　（　　　）

7. 塑料光纤可在 40~105℃ 温度下使用，其光纤直径在 0.5~30mm 之间。（　　　）

三、简答题

1. 汽车顶篷内饰有什么特点？

2. 汽车顶篷的作用是什么？

项目六 汽车车身内饰升级改装

一、填空题

1. 在汽车内饰改装的中高档项目中,(　　)和(　　)是最常改装的部分。
2. 车门内饰板总成通常由(　　)和(　　)组成。
3. (　　)通常包裹真皮,主要作用是跟仪表板风格一致。
4. (　　)是人手侧向接触件,是车门内饰板重要的组成部分,它的作用主要是装饰和提供舒适的胳膊休息空间。
5. 在车门内饰改装中,需改装(　　)及功能。
6. 仪表板按舒适性可分为(　　)和(　　)。
7. 立柱包括(　　)、(　　)与后柱三种。
8. 翻毛皮也称为(　　),其两面呈现不同质感。
9. 一般方向盘的结构由方向盘骨架、(　　)和(　　)等组成。
10. 方向盘填充层主要有(　　)和(　　)两种。

二、判断题

1. 方向盘骨架主要采用冲压工艺生产,方向盘骨架多为锌合金或铝合金。　　　　　　　　　　　　　　　　　　　　　　(　　)
2. 如果把方向盘的圆周分成两部分就是两辐,多用于轿车。　(　　)
3. 车门内饰通常由上饰板和下饰板组成。　　　　　　　　　(　　)
4. 勾线缝法指的是用一根线把方向盘套两侧的缝线穿起来拉紧的方法。(　　)
5. 汽车内饰材料可分为普通塑料、工程塑料两类。　　　　　(　　)
6. 在对塑料件轻微划伤的地方进行维修时,可以涂上一层白色乳状的底漆。　　　　　　　　　　　　　　　　　　　　　　(　　)
7. 作为汽车的控制中心和装饰焦点,仪表板集技术与艺术为一身。(　　)

三、简答题

1. 方向盘的表面材质类型可以分为哪几种?

2. 常用的方向盘包覆缝制方法有哪些?

3. 内饰塑料件的翻新途径有哪些?

项目七 汽车门窗改装

一、填空题

1. 电动中门多在高端的（　　　）上使用，驾驶人和乘客可手动控制或自动控制车门开启和关闭。

2. 汽车电动中门滑门系统是在滑门系统的基础上，集成（　　　）技术和（　　　）技术的高级滑门系统。

3. 中门一般分为（　　　）和（　　　）。

4. 汽车尾门的开启方法分为（　　　）和（　　　）两种。

5. 机械式尾门可以通过（　　　）改装为电动尾门。

6. 通过电动尾门的改装，可实现遥控尾门的开启和关闭以及尾门的（　　　）和（　　　）。

7. 电动尾门的种类包括（　　　）、（　　　）、（　　　）。

8. 按照材质对商务窗帘进行分类，可以分为（　　　）、（　　　）和（　　　）三类。

9. 按照安装方式对商务窗帘进行分类，可以分为（　　　）和（　　　）。

10. 电动尾门防夹系统的工作原理为主轴电动机内部的霍尔传感器，会监测该电动机的（　　　）。

二、判断题

1. 电动尾门的功能不包括遥控功能。（　　　）

2. PVC 材料制作的窗帘安装在车上，整体看上去非常美观。（　　　）

3. 尼龙涤纶材质的窗帘安装在车窗上，在阳光照射下没有灼热感，但是隔热和隔光效果不是很好。（　　　）

4. 电动机安装在尾门上面的，就属于上吸锁；安装在行李舱门槛下面的，就属于下吸锁。（　　　）

5. 电动撑杆分为 L 和 R，L 代表撑杆安装位置在右侧，R 代表撑杆安装位置在左侧。（　　　）

6. 电动尾门通过传感器和芯片智能感应，在过载、堵转、卡死、短路、过热等情况下起到保护作用，防止人员受伤和物品财产受损。（　　　）

7. 虽然电动尾门的改装属于汽车改装范畴，但是没有相关改装法规进行规范，可以随意改装。（　　　）

三、简答题

1. 智能电动中门的八大功能包括什么？

2、电动尾门的种类有哪些？

3. 电动尾门的功能是什么？

项目八　汽车灯光升级改装

一、填空题

1. 照明氛围灯的灯源主要是（　　　），光线柔软，过渡非常自然，从深到浅。

2. 色彩有（　　　），如果将颜色通过情绪这个媒介来结合，可能会更加和谐。

3. 氛围灯可以与音乐结合，现有的部分氛围灯产品的结合效果比较（　　　）、（　　　），只能做到固定的变化。

4. 氛围灯在黑暗的车厢里起到了（　　　）作用。

5. 实训人员必须穿戴（　　　），口罩，防护手套，护目镜。

6. 大多数汽车自带的 2 条反光柱虽然能在夜间起到发光效果，但是效果微弱，车主可选择加装（　　　）。

7. （　　　）打造的是一种宁静悠远的气氛，同时也极大增加了内饰科技感氛围。

8. 汽车吸顶灯种类繁多，可根据车型特点和客户需求选择吸顶灯的（　　　）。

9. 车用吸顶灯主要的电气部件有 3 个，分别是（　　　）、调光控制器和灯具。

10. 车用吸顶灯主要由（　　　）、灯框、LED 氛围灯条、安装支架、电气控制组件、安装附件等组成。

二、判断题

1. 九宫格式吸顶灯都是由各种图形的格子组成的不同款式。　　　　　　　　（　　　）

2. 车内氛围灯通常可以安装在汽车方向盘中。　　　　　　　　　　　　　　（　　　）

3. 中性色调一般指白光，白色给人的感觉是极简、干净、明快。　　　　　　（　　　）

4. 暖色系一般指红橙光，红橙光给人的第一感觉就是温暖。　　　　　　　　（　　　）

5. 汽车氛围灯可以提高夜间行车的安全性。　　　　　　　　　　　　　　　（　　　）

6. 紫光浪漫且神秘，高贵而典雅，用于汽车内饰中，会极大地提升内饰档次，有一种尊贵且奢华的感觉。　　　　　　　　　　　　　（　　　）

7. 在蓝光氛围灯的照射下，仿佛自己与自然融为一体，极大地降低烦燥情绪，有一丝清快凉爽之感。　　　　　　　　　　　　　（　　　）

三、简答题

1. 冷色系主要包括哪些颜色的光？

2. 立柱罗马灯的特点是什么？

3. 车用吸顶灯的常见类型有哪些？

项目九 汽车其他电器升级改装

一、填空题

1. （　　　）是移动数字电视的一种，通常安装在商务车、公交车、地铁和出租车等交通工具上。

2. 在汽车上，特别是在商务车上安装车载吸顶电视，可以升级（　　　），使车辆的乘坐舒适性进一步提高。

3. 车载吸顶电视一般具有电影播放、倒车显示、（　　　）、（　　　）等多种功能。

4. 360°全景倒车影像又叫（　　　）。

5. 安装吸顶电视一般需要占用原车（　　　），并使用空调控制面板的电路接口。

6. 360°全景倒车影像简称（　　　）。

7. 车辆在倒车的时候，虽然可以通过（　　　）观察车辆尾部的情况，但是后风窗玻璃以下的位置完全就是盲区。

8. 倒车雷达的工作原理其实脱胎于（　　　），它是通过自身发出的超声波来辨别障碍物的位置。

9. 360°全景倒车影像在传统倒车影像的基础上，增加了（　　　）三个摄像头。

10. 安装360°全景倒车影像的过程中，容易导致（　　　）发生。

二、判断题

1. 随着驾驶辅助功能的不断发展，倒车影像逐渐取代倒车雷达，成为车主的又一选择。　　　　　　　　　　　　　　　　　　（　　　）

2. 车载吸顶电视不具备手机投屏功能。　　　　　　　　　　　（　　　）

3. 如果倒车时倒车雷达"哒哒哒"地振动，则证明倒车雷达探头损坏。（　　　）

4. 倒车雷达的工作原理与蝙蝠大同小异。　　　　　　　　　　（　　　）

5. 行车记录仪并不能当成监控使用。　　　　　　　　　　　　（　　　）

6. 行车记录仪分为便携式与一体式两种。　　　　　　　　　　（　　　）

7. 行车记录仪可以手动关闭。　　　　　　　　　　　　　　　（　　　）

三、简答题

1. 行车记录仪的参数包括哪些？

2. 行车记录仪的功能包括哪些？

3. 360° 全景倒车影像的缺点有哪些？

4. 360° 全景倒车影像的优点有哪些？

第二部分　任务工单

项目一　汽车改装行业认知和基础改装

任务一　汽车改装行业认知

记录历年全球汽车改装市场规模

分析全球汽车改装市场未来发展规模

记录中国汽车改装的定义和分类

查询中国汽车改装行业发展模式并记录

任务二　汽车隔声

任务导入

进行车门隔声施工，并记录操作步骤

记录在操作过程中使用的工具

记录操作过程中的注意事项

记录在操作中的个人收获

任务三　汽车线路改装

任务导入

安装整车线束，并记录操作步骤

记录在操作过程中使用的工具

记录操作过程中的注意事项

记录在操作中的个人收获

项目二 汽车前排座椅改装

任务一 前排座椅驱动方式改装

任务导入

拆除座椅皮套，并记录操作步骤

安装座椅靠背电动机，并记录操作步骤

安装电动脚托，并记录操作步骤

安装前后驱动电动机，并记录操作步骤

任务二　加装前排座椅通风系统

任务导入

改装座椅通风装置，并记录操作步骤

记录在操作过程中使用的工具

用海绵切割刀切割座椅海绵时，应注意什么事项？

记录在操作中的个人收获

任务三　加装前排座椅加热系统

任务导入

加装前排座椅加热系统，并记录操作步骤

记录在操作过程中使用的工具

记录操作过程中的注意事项

记录在操作中的个人收获

任务四 加装前排座椅车载桌板认知

任务导入

在互联网上查询加装前排座椅车载桌板的操作视频和文本资料，并记录操作步骤

记录在操作过程中使用的工具

记录操作过程中的注意事项

记录在查询资料和观看视频中的个人收获

任务五　汽车座椅真皮包覆认知

任务导入

在互联网上查询汽车座椅真皮包覆的操作视频和文本资料，并记录操作步骤

记录在操作过程中使用的工具

记录操作过程中的注意事项

记录在查询资料和观看视频中的个人收获

项目三 商务车中后排座椅改装

任务一 加装中排航空座椅

任务导入
加装中排航空座椅，并记录操作步骤
记录在操作过程中使用的工具
记录操作过程中的注意事项
记录在操作中的个人收获

任务二　加装后排电动沙发床

任务导入

加装后排电动沙发床，并记录操作步骤

记录在操作过程中使用的工具

记录操作过程中的注意事项

记录在操作中的个人收获

项目四 汽车底板改装

任务一 加装实木和印花地板

任务导入

加装实木和印花地板，并记录操作步骤

记录在操作过程中使用的工具

记录操作过程中的注意事项

记录在操作中的个人收获

任务二　加装迎宾踏板和休闲踏板

任务导入

加装迎宾踏板，并记录操作步骤

记录在操作过程中使用的工具

记录操作过程中的注意事项

记录在操作中的个人收获

任务三 加装车载冰箱认知

任务导入

在互联网上查询加装车载冰箱的视频和文字资料，并记录操作步骤

记录在操作过程中使用的工具

记录操作过程中的注意事项

记录在查询资料和观看视频中的个人收获

任务四 加装 360 软包脚垫认知

任务导入
在互联网上查询加装 360 软包脚垫的视频和文字资料，并记录操作步骤
记录在操作过程中使用的工具
记录操作过程中的注意事项
记录在查询资料和观看视频中的个人收获

项目五　汽车顶篷升级改装

任务一　汽车顶篷老化翻新

任务导入

对汽车顶篷进行老化翻新，并记录操作步骤

记录在操作过程中使用的工具

记录操作过程中的注意事项

记录在操作中的个人收获

任务二　汽车星空顶篷制作

任务导入

制作汽车星空顶篷，并记录操作步骤

记录在操作过程中使用的工具

记录操作过程中的注意事项

记录在操作中的个人收获

项目六 汽车车身内饰升级改装

任务一 汽车车门内饰与仪表板真皮包覆

任务导入
对汽车仪表板进行拆卸，并记录操作步骤
对汽车仪表板进行真皮包覆，并记录操作步骤
记录操作过程中的注意事项
记录在操作中的个人收获

任务二　立柱内饰翻毛皮包覆

任务导入

进行立柱内饰翻毛皮包覆，并记录操作步骤

记录在操作过程中使用的工具

记录操作过程中的注意事项

记录在操作中的个人收获

任务三　方向盘的更换及包覆

任务导入
进行方向盘的拆卸与安装，并记录操作步骤
对汽车方向盘进行包覆，并记录操作步骤
记录操作过程中的注意事项
记录在操作中的个人收获

任务四 内饰塑料件喷漆改色认知

任务导入

在互联网上查询内饰塑料件喷漆改色的视频和文字资料，并记录操作步骤

记录在操作过程中使用的工具

记录操作过程中的注意事项

记录在操作中的个人收获

项目七 汽车门窗改装

任务一 汽车中门升级改装

任务导入

安装中门电动机，并记录操作步骤

更换原车锁块，并记录操作步骤

加装电动门锁执行器，并记录操作步骤

记录在操作中的个人收获

任务二 汽车尾门升级改装

任务导入
认知汽车电动尾门改装实训工作站，并记录其主要功能
对电动尾门进行故障排除，并记录操作步骤
对电动尾门进行升级改装，并记录操作步骤
记录在操作中的个人收获

任务三　加装商务窗帘

任务导入

加装商务窗帘，并记录操作步骤

记录在操作过程中使用的工具

记录操作过程中的注意事项

记录在操作中的个人收获

项目八　汽车灯光升级改装

任务一　加装内饰氛围灯

任务导入

加装内饰氛围灯，并记录操作步骤

记录在操作过程中使用的工具

记录操作过程中的注意事项

记录在操作中的个人收获

任务二　加装立柱罗马灯

任务导入

加装立柱罗马灯，并记录操作步骤

记录在操作过程中使用的工具

记录操作过程中的注意事项

记录在操作中的个人收获

任务三 加装吸顶灯

任务导入
加装吸顶灯，并记录操作步骤
记录在操作过程中使用的工具
记录操作过程中的注意事项
记录在操作中的个人收获

项目九 汽车其他电器升级改装

任务一 加装吸顶电视

任务导入

加装吸顶电视，并记录操作步骤

记录在操作过程中使用的工具

记录操作过程中的注意事项

记录在操作中的个人收获

任务二 加装 360° 全景影像认知

任务导入

在互联网上查询加装 360° 全景影像的视频和文本资料，并记录操作步骤

记录在操作过程中使用的工具

记录操作过程中的注意事项

记录在查询资料和观看视频中的个人收获

任务三 加装行车记录仪认知

任务导入
在互联网上查询加装行车记录仪的视频和文本资料，并记录操作步骤
记录在操作过程中使用的工具
记录操作过程中的注意事项
记录在查询资料和观看视频中的个人收获